U0146739

北京电影学院科研经费专项资助出版

唐人街

电影或者故乡

故乡

CHINATOWN

FILM OR
HOMETOWN

杨歆迪 著

中国国际广播出版社

图书在版编目（CIP）数据

唐人街：电影或者故乡 / 杨歆迪著.—北京：中国国际
广播出版社，2024.3
ISBN 978-7-5078-5529-6

Ⅰ.①唐… Ⅱ.①杨… Ⅲ.①华人社会－研究－美国
Ⅳ.① D634.371.2

中国国家版本馆CIP数据核字（2024）第050546号

唐人街：电影或者故乡

著　　者	杨歆迪
责任编辑	王立华
校　　对	张　娜
版式设计	邢秀娟
封面设计	王广福

出版发行	中国国际广播出版社有限公司 ［010–89508207（传真）］
社　　址	北京市丰台区榴乡路88号石榴中心2号楼1701
	邮编：100079
印　　刷	环球东方（北京）印务有限公司

开　　本	710×1000　1/16
字　　数	140千字
印　　张	9.5
版　　次	2024 年 4 月 北京第一版
印　　次	2024 年 4 月 第一次印刷
定　　价	38.00 元

序

　　《唐人街：电影或者故乡》是我的博士研究生杨歆迪以她的博士学位
论文《"唐人街"意象的影像生成研究》为基础修改提炼而成的。2016年，
歆迪找到我说，希望跟随我继续求学。当时，我所主持的国家社科基金重
大项目"当代中国文化国际影响力的生成研究"正好立项。第二年，歆迪
如愿加入北京师范大学中国文化国际传播研究院工作。其间广泛参与了
"看中国""银皮书""重大课题"等各种理论或实践项目，建立了国际化的
视野，并对于中国文化、中国电影在不同语境下的内涵差异产生了敏感关
注。后来，歆迪将这种主观感悟具象化到对于"唐人街"意象的观察中，
在中国文化国际传播研究院的工作，为她的论文写作提供了理论启发和实
践支撑。

　　电影作为跨文化的大众媒介，为我们展现出文化交融与碰撞的美好与
复杂。其中，"唐人街"这一特殊意象在电影中多次出现，让人们窥见一个
真实与幻象交织的世界。本书即对这一独特现象进行深入研究的尝试，力
求为读者展现"唐人街"如何被形塑，如何传达文化信息，以及如何影响
我们的审美体验。在本书中，歆迪从不同电影的视角出发，探讨"唐人街"
的影像历史与文化内涵；并通过章节的层层深入，对于如何借鉴和反思不
同国家电影关于"唐人街"的影像经验做了系统性的研究和总结。书中不
仅包含了丰富的电影案例分析，还有对于文化背景、空间和叙事的深入探

讨。对于所有热爱电影艺术、文化研究以及跨文化传播的学者来说，本书将是一部具有可读性的参考资料。

需要特别提出的是，歆迪毕业后被接收至北京电影学院从事数字媒体艺术方面的工作。在工作岗位上，她利用数字媒体方面的知识继续着对于"唐人街"的研究。和学位论文相比，本书增加了许多新鲜的内容。同时，歆迪坚持用较为简洁明快的语言写作，以期更加广泛地与读者交流。我相信，通过阅读本书，读者能从中感受到歆迪的研究热情与学术执着。

我推荐这本书给大家。它既是一部深入浅出的学术著作，又是一部充溢着艺术气息和人文关怀的文学作品。希望每一位读者都能从阅读中感受到电影与文化的无穷魅力。

黄会林

2023 年 10 月

目录

绪　论

唐人街的地方检察官经常这样提醒我，唐人街就是这样的。

——《唐人街》（*Chinatown*，1974）

我们会找到个地方定居，有我们自己的空间，不用急着回东方。

——《山河故人》（*Mountains may depart*，2015）

我们在这儿生活，这儿就是我们的家。这些老外无时无刻地想撵我们走，甚至于想把唐人街都撵走，你明白吗？

——《叶问4：完结篇》（*Ip Man 4*，2019）

　　"唐人街"（Chinatown）是海外华侨、华人聚居的城市社区，并随着华人跨国开拓的历史脚步而遍布全球。在历史上，唐人街见证了海外华人群体的迁徙、生存与发展；而如今，唐人街既是外界社会了解华人文化与生活方式的渠道，亦是华人对外交流的窗口和文化品牌。"唐人街"现象不仅吸引着学术界的研究目光，也频频出现于银幕上，引发观众的好奇与联想。不同影片中的"唐人街"，作为叙事空间、视觉元素或文化符号，形成了对"唐人街"这一概念不同的想象、建构与表述。通过解读影片中的"唐人街"，可以定位影片特定的空间、审美、叙事、主题、文化隐喻、情境与人物角色，由此来考察这些影片文本的价值、功能与意义。本书基于电影文化相关理论，将银幕中的"唐人街"综合为一种特殊的审美意象，进而分析、阐释和讨论特定影片的主题、空间、叙事与"唐人街"意象之间的关系，并着重关注影片制作的国别属性对唐人街想象差异的影响。

第一节　研究背景与概念厘清："唐人街"意象

　　本书旨在考察"唐人街"意象的影像生成机制，包括有关"唐人街"的电影如何想象、建构和表述"唐人街"意象，"唐人街"意象又如何在影像生成的过程中发展和延宕，形成一种电影媒介意义上的工业惯例与成规，以及大众观念、经验与认知。这是一个中间层面视角下的电影文本与社会文化关系的互文本分析。它既考察唐人街社会、文化的宏观历史表述，又着眼于"唐人街"意象在影像化过程中的微观细节、差异与裂隙。"都市化伴随着工业资本主义的扩展而来，它不仅直接彰显出人类生活模式趋向现代的历史性转变，更是导致此一转变的重要动力。电影与早先的各类文化形式相比，不光只记载历史、评论历史，它们亦内在于历史变革的洪流中。因此，电影中的景观，既取自步调紧凑的现代都市生活，又有助于形成忙乱、脱序的都市节奏，使它成为社会准则。它同时反映、形塑出新的社会关系，而此一关系正是在陌生人来来往往的拥挤街道上发展而来。换言之，电影场景不仅记录，同时又影响现代都市所代表的社会与文化空间转变。"① 唐人街作为都市景观的组成部分，同样与影像形成了多重的连接与互动，来表征一种"影像—现实"多元而复杂的关系，即一种有关唐人

---

① 克拉克.窥见电影城市［M］//克拉克.电影城市.林心如，简伯如，廖勇超，译.台北：桂冠图书股份有限公司，2004：4.

街的"影像政治"。

何为唐人街？尽管学界和公众都对"唐人街"现象颇为感兴趣，但无论是民族学、社会学的学者还是普通的都市人，似乎对这个词并未有统一的理解。在电影中，唐人街充满了神秘的异域色彩，它们有时是"遍地黄金"的贫民窟，有时是种族聚居的城邦，有时是文化流散地，有时也是一个模范社区。[①] 单纯从某一种学科角度定义唐人街是困难的。不同的电影文本呈现给公众多样的唐人街样貌，也利用电影叙事为唐人街做了自己的注脚。

同时，不可否认的是，电影这一大众传播媒介在提升唐人街的"知名度"方面功高至伟，以至于唐人街几乎成为一种高度奇观化的"神话"。对于许多普通受众而言，对于"唐人街"的了解主要通过电影，并且可以基于电影中的唐人街样貌将其大体分类。例如：

作为"避风港"的唐人街为急需相互帮助的新移民提供了安全可靠的支持，正如《红番区》中阿强叔父所经营的超市，它显然不是普通的购买消费品的场所，而是带有族裔标识的移民互动环境和谋生意味的所在。

作为种族主义遗迹的唐人街成为国人实际上的海外文化飞地和聚集区，正如"叶问"系列电影中的各大武馆，武馆既是日常生活的空间，亦是中华武术文化的一个对外接口。

作为移民们融入所在国社会跳板的唐人街为华人群体提供了人才领袖和"引路者"，正如《喜福会》中每周一次的"喜福会"麻将席，传达了海外华人的阶层身份感与精英主体意识。

而今，作为旅游胜地的唐人街则更多充斥着华人商铺和风情建筑，如"唐人街探案"系列电影中的各色家族祠堂，它已与传统意义上的唐人街景观大相径庭，更多混杂着当代国人的游客式想象、对共同体的期待和消解

① 王保华，陈志明.唐人街：镀金的避难所、民族城邦和全球文化流散地［M］.张倍瑜，译.上海：华东师范大学出版社，2019：1.

殖民话语的文化精神……

事实上，社会学界仍未对唐人街的定义达成共识。北美的学者侧重强调唐人街是一个被隔离出来的，同时具有住宅与商业功能的社区，其强调隔离与边界的学术表述深刻折射了一种西方中心的霸权话语。而有的学者则认为唐人街只不过是汇聚了华人和华人商铺的地方而已，试图消解唐人街街道内外的结构性二元对立，还原唐人街作为西方诸多城市多元商业景观的消费和娱乐意义。日本学者山下清海考察了日本的唐人街沿革后，将不同阶段的唐人街分类为历史上的唐人街、旅游胜地和华人商铺的聚集地①，较为客观、清晰地描述了唐人街潜在的多重能指。本书所希望探讨的"唐人街"，尊重社会科学理论中"主位"的观点，包容地理解和囊括各种城镇化的华人聚集区，包括但不限于华埠、唐人街和中国城，同时聚焦于"影像"意义上的视觉呈现，即更多地分析电影中有关唐人街及其相关元素的视觉化表达，尤其关注不同电影文本中唐人街视觉构成上的差异性，从而探讨电影影像、唐人街空间与文化主体之间的想象性建构关系。

为此，本书引入中国传统美学中的核心概念"意象"用以框定研究范围。"意象"最早可追溯到《易传》，而第一次使用这个词的是南北朝时期的刘勰②。朱光潜先生也曾用"物的形象"来称呼"意象"，认为"物的形象"（艺术意义上的）是根据"表象"来加工的结果③。无论是作为叙事空间还是文化符号，在影片中出现的唐人街都并非客观展示的对象，不是海外城市中真实出现的唐人街的直观反映，而是包含了艺术加工和观众接受、理解之后有着浓厚意味的形象表征。然而，这种表征又不是一成不变的，它时时刻刻受到既成的、实体化的唐人街这一城市组成部分的影响，又同

① 王保华，陈志明.唐人街：镀金的避难所、民族城邦和全球文化流散地［M］.张倍瑜，译.上海：华东师范大学出版社，2019：3-7.

② 叶朗.中国美学史大纲［M］.上海：上海人民出版社，1985：70-72，226，230.

③ 朱光潜.朱光潜美学文集：第三卷［M］.上海：上海文艺出版社，1983：71.

样被不同时期的观众心理和大众媒介所左右。为了凸显这种既非物质实在又非纯粹抽象理念的特性，将其称为"唐人街"意象。

将"意象"这一概念引入电影研究领域、使用"意象"一词来表述影像中独特的符号/形象及其背后包含的文化意蕴并非本书首创。1996年，魏穆尔·迪沙那亚基（Wimal Dissanayake）在期刊 *Theory，Culture &Society*（《理论、文化与社会》）上发表题为 "Asian cinema and the American cultural imaginary"（《亚洲电影与美国文化想象》）的文章探讨美国电影在全球范围内的视觉霸权问题，认为美国文化想象"将美国制造的影像植入多重话语的路线中，以产生一种跨国化的记忆"。张英进在《影像中国：当代中国电影的批评重构及跨国想象》一书中，将上述文章中的"imaginary"一词翻译为"意象"，并使用"跨国意象"这个概念去阐释全球化背景下中国香港电影、中国台湾电影在全球本土性问题上对于"中国电影"这一主体建构做出的反馈。以上两例研究中对于"意象"的探讨至少包含以下三个层次：

1. 电影中出现的某个给定形象（image）本身，以及该形象所出现的场景、景观等。

2. 该形象在电影中的视觉表征，以及隐含的符号和概念。

3. 该形象在社会文化中产生的影响。

本书对于"唐人街"意象的研究同样遵循上述逻辑，并遵从视觉文化（visual culture）的研究范式，将"唐人街"意象框定于以下四个问题并展开深入探讨：

1. 唐人街景观形象。"唐人街"意象首先作为一种独特的城市景观出现在电影中。无论是一条街区还是一座华人公寓，都是"唐人街"意象在运动影像中存在的视觉表达途径。

2. 唐人街的符号化表征。根据贡布里希的理论，从实在世界的人或物到人们关于他们的主观概念，再到客观化的语言、符号、象征或形象，其间存在着无数不同的可能性和变异 ①，而这种流动的、不断变异的唐人街符号亦属于"唐人街"意象范畴。

3. 观看影像中唐人街的方式。"唐人街"意象如果能够在影像中存在，则首先应满足视觉性才能被观众"看到"。因此，观看影像中唐人街的方式也必须在"唐人街"意象中得以考量。"看"这个身体动作需要有出发点，"唐人街"意象也有了看与被看的方式和视角。

4. 影像中的唐人街文化。唐人街在电影中的表意实践蕴含着复杂的社会意义，"唐人街"意象既包括影像背后对不同文化、意识形态、民族认同的理解和接受，也包括电影史上作为视觉符号的唐人街的演变与发展。

可以用以下概念图（图 0-1）示意"唐人街"意象在影像中的不同层面与深度。要注意的是，这四个层面拥有复杂的交织重叠关系，不是分别的四个方面，而是同一问题的四个层面。②

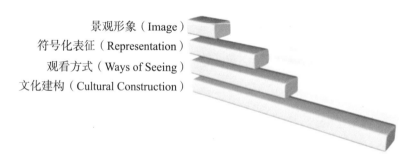

景观形象（Image）
符号化表征（Representation）
观看方式（Ways of Seeing）
文化建构（Cultural Construction）

图 0-1 "唐人街"意象在影像中的不同层面与深度

通过以上界定，本书对于研究对象有了较为细致的概念厘清。然而，对于"唐人街"意象的研究却无法通过上述四个层面逐层开展。因为在实际的影像呈现中，"唐人街"意象的多种含义往往是同时存在的。例如，一

---

① 贡布里希.艺术与错觉：图画再现的心理学研究［M］.林夕，李本正，范景中，译.杨成凯，校.杭州：浙江摄影出版社，1987：101.
② 为了学术交流便捷，此处图例中标注视觉文化研究中常见的英文概念。

个用汉字写有"唐人街"三个字的指示路牌既可以是影片中实在的景物装置，也能够拥有符号化的表意，而摄影机位暴露的视角则可以为唐人街的观看方式提供线索。因此，从电影本体出发理解"唐人街"意象也十分有必要。

第二节　研究方法："唐人街"意象在哪里？

从电影本体的角度考察"唐人街"意象的概念内涵，首先应找到电影中存在的"唐人街"意象。不同于视觉文化研究领域的分析界定，电影本体实在地显示出被解剖的可能。电影作为视听结合的产物，其中的"唐人街"意象必然通过某种特定的视听语言被展示出来。

从电影声音的角度，"唐人街"意象可能出现于电影对话台词中，通过角色之口道出，成为电影所谈论、探讨的对象。在电影画面上，"唐人街"意象表现为一个具象实体。有时候可以是实在的，比如全景中的街道本身；有时候也可以是符号化的，比如特写镜头中一个华人商铺的招牌。在此基础上，"唐人街"意象仍可出现在电影的隐喻中。"电影呈现给我们的却是丰富的图像与声音阵列，音像阵列直接就产生一个密密匝匝的具象世界。因此，（我们）很容易就屈从于通常所谓的'指示性幻觉'（referential illusion），感觉在某种意义上一个可以被触摸的世界就存在于银幕的后面。"[①] 电影的叙事策略决定了一个故事可以是有关唐人街的，虽然唐人街

---

① 波德维尔.叙事世界.张锦，译［M］//杨远婴.电影理论读本.北京：世界图书出版公司北京公司，2011：299.

未必真正出现在镜头中。这种被遮蔽的唐人街隐喻仍然属于"唐人街"意象的范畴。

基于上述分析，本书从以下三个角度展开对于"唐人街"意象的影像生成研究。

首先，本书将电影声音中的"唐人街"意象加以引发，试图从有关唐人街的话语中寻得"唐人街"意象的蛛丝马迹。换句话说，如果唐人街被提及、被谈论、被诉说，那么这个与唐人街发生关系的主体是谁？究竟是与唐人街看似无关的人在"点评"唐人街，还是唐人街中的人在自我阐释？进而引发的推论是，影像中的"唐人街"意象首先需要完成主体建构，从而使得唐人街成为一个能够被银幕纳入的、可展示的对象。有鉴于此，本书从主体建构的角度入手，试图找到不同的主体位置对于"唐人街"意象的不同理解与阐释。

其次，本书聚焦于电影画面上的唐人街——"唐人街"意象的空间建构。经过银幕的"画框"限定，电影空间其实已经降维成平面的运动图像展示。然而，在银幕中呈现出的地理学空间依然有其现实性。与此同时，电影可以创造出回忆、梦境等"广阔的""被想象力所把握"的空间，它不再是那个"在测量工作和几何学思维支配下的冷漠无情的空间"，不是"从实证的角度"，而是"在想象力的全部特殊性中"被体验。[①] 无论是偏向现实性还是想象性的"唐人街"意象空间，都作为空间（space）的一部分与其他部分发生关联。在这种相互连接与对比中，"唐人街"意象空间得以找到自己的位置。

最后，本书试图通过剖析电影叙事技巧找到电影中隐喻的唐人街的蛛丝马迹。和文字不同，电影中的叙事必须通过特殊的符号话语得以体现。问题是，当电影话语的出现与电影之外的符号话语体系相结合，对电影话

---

① 巴什拉.空间的诗学［M］.张逸婧，译.上海：上海译文出版社，2009：23.

语的理解就包含了"隐喻"的意味①。假设在电影语言的语法 / 文法 / 章法中，存在一种"唐人街"意象，不是通过前文所分析的方式出现，而是深入电影生产类符号学的表达中，那么它必然对电影叙事产生重要影响。因为这时的"唐人街"意象不再仅仅是叙述对象，它同时建构了某种叙事方法。

以上本书展开研究的三个角度从电影本体出发，具体地调查影像和"唐人街"意象的互动关系，并试图通过不同角度的研究，尽量多地覆盖到"唐人街"意象在影像中存在的全部可能性。这种对于研究问题的分类方式的优点在于，由于分类方式本身与电影本体的生产方式建立了联系，本书可以通过文本细读的方式，有的放矢地研究这一问题。

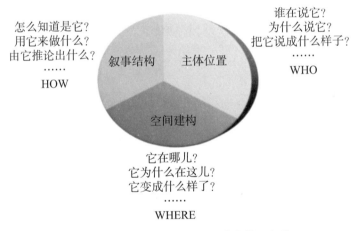

图 0-2　本书研究的"唐人街"意象的三部分

本书对于"唐人街"意象的研究，属于文化研究（cultural studies）范畴，旨在通过梳理电影中出现的"唐人街"意象的特点、意义、内涵和外延，探讨作为全球城市化、现代化进程中出现的现实街区唐人街如何被转

---

① 此处对于电影叙事学的表述和分析可参见：若斯特.电影话语与叙事：两种考察陈述问题的方式.杨远婴，译［M］//杨远婴.电影理论读本.北京：世界图书出版公司北京公司，2011：261-267.

译为影像中的"唐人街"意象。为此，本书从"唐人街"意象的主体位置、空间建构和叙事结构等三部分出发，通过大量文本细读，逐一分析不同影片中的"唐人街"意象，以期得到其影像生成机制的规律和影响因素。

影像中的"唐人街"意象本质上是个跨学科的研究对象，因此，研究不应局限于单一的理论框架中。本书首先立足电影本体理论，通过对于不同文本的细读及对视听语言的详细分析，利用电影符号学、叙事学和类型电影等诸理论工具，解剖具体的电影文本与研究对象之间的关系；在此基础上，本书也尝试运用相关学科的理论框架共同完成对研究对象的解剖。然而问题在于，如何立足影像本体，避免使电影文本沦为某些经典理论的例证，最终滑向为经典理论注疏的自说自话。为此，本书尝试以维特根斯坦的家族相似性理论（Family Resemblance）作为引入相关理论框架和研究方法的标准。通过找到与本书的研究有一个或多个相同属性的研究方法，将相关理论带入本书中，以期最大限度地兼顾本书研究的学术合法性和逻辑性，以及对活泼的电影文本的尊重。

首先，视觉文化研究为本书提供了研究视角。对于视觉文化和社会变迁的交互性关系的阐释，与作为媒介景观的"唐人街"意象跨国流动的过程十分相似。在大众文化视觉转向蔚然成风的今天，媒介景观不仅与城市研究、文化地理学研究等领域相关，在大众媒介内部的变化与迁移也应被考察。尤其是在全球范围内的电影生产实践中，对于"唐人街"意象的理解和描述往往具有多线并进的趋势，并且可能存在一定的回环往复和多次重复变化，并不是一条明晰的符号演进脉络可以解释得通的。因此，从视觉性本身去考察有助于本书聚焦于影像内部的微妙发展，尽量避免研究强行进入社会学领域而带来的班门弄斧之嫌。

其次，诸多空间理论，尤其是媒介地理学研究方法为本书提供了另一种理论资源。自文化研究的空间转向（spatial turn）以来，对于媒介和空间的关系探讨渐成显学。无论是大卫·哈维还是亨利·列斐伏尔，对于地理空间的研究常常落脚于媒介化的表述和问题提出。一种空间如何经由媒介书写阐发出独特的文化含义，是媒介地理学的研究重点之一。本书则类似于上述过程的逆推，通过既定的媒介书写成果——影像中的"唐人街"意象，去发现基于空间现实的媒介生产机理。

　　最后，有关跨文化形象学的问题需要在此厘清。事实上，对于广义上的"中国电影"进行民族论述或曰跨国书写的讨论早已开始。杜维明等人尝试从中国人主体性的角度出发，提出了"文化中国"的概念；而鲁晓鹏以"跨国的华语电影"为论述核心，试图将港澳台和内地及海外华裔创作的电影都纳入同一个概念体系中。这种话语尝试饱含着学者们浓烈的家国情怀和对于中国文化的依恋。但是，由此产生的问题并不仅仅是电影史整合时的挂一漏万，更重要的是，当过多的研究素材需要被纳入同一个研究范围内，"中国形象"的概念应运而生。由此，许多对于电影中某种特定的"中国形象"的研究逐渐兴起，并运用跨文化形象学的理论资源对其加以阐释（详见绪论第四节）。如果说对于某个文学作品或文化现象中的"中国形象"进行有关主体间性的探讨不失为全球化时代下新锐而有意义的探讨，那么在影像范围内进行形象研究则难免有因小失大、顾此失彼的嫌疑。电影自诞生之初就不断更迭形成的独特语言体系、符号化机制和类型分类早已深刻地嵌入影像内部，使其完全可以通过更为电影化的理论方法被解读。尤其是当"中国形象"的概念框定和电影本体之间产生一定的矛盾，则形象学研究方法在此应被慎重考虑。这也是本书引入"唐人街"意象作为核心概念的原因之一。当"唐人街"这个明确的、直观的、具象化的对象成为研究焦点，可以有效地避免研究在电影的中国想象、跨国想象、民族想象等方面无限延伸。

　　基于上述对研究方法和理论方式的考量，本书不试图通过电影史的梳理来考察"唐人街"意象的发展流变（何况这些影片能否放置在同一个电影史序列中尚成问题），而是通过对典型案例的深入考察，尝试找到"唐人街"意象自身的生长规律和演变逻辑。在影片案例的选取上，本书尽可能选取那些对于唐人街的话语体系建构产生影响的影片，其典型性不是来源于影片在某电影史中的地位或电影的审美旨趣，而是来源于建构"唐人街"意象上的重要意义。

第三节　研究动机："唐人街"意象的影像生成

　　前文已提到，"唐人街"是对英文 Chinatown（直译为"中国城"）的意译。唐人街内的"唐人"不是指唐朝人，而是现当代居住在海外城市华裔社区内的华人。在欧美国家，基于一种殖民史的话语，唐人街/中国城的社区空间总是与华裔的海外流散史、移民史相并置。因此，唐人街的空间本身其实是对华裔旅居者身份的一种叙述，这些旅居者也正是资本主义文明进程与城市化之中那些作为参与者、见证者与受压迫者的华裔劳工、矿工与偷渡移民的后代。"唐人"的称谓，不过是海外华裔基于既定的表述经验所进行的自我指称，其源于"唐朝/唐帝国"的文明自豪感，恰恰与其身处他国的相对恶劣的社会生态处境形成了鲜明的张力。海外华人借助"唐人街"这一民族主体的概念来维持某种文化秩序结构。与此同时，西方世界对"唐人街"社区命名的认同与接受，恰恰包含着将海外华人城市居民异域奇观化的话语色彩。很多时候，唐人街总是作为城市边缘地带，即"脏乱差"阴暗巷道的代名词。

　　在电影层面，作为影像的唐人街几乎与电影同步诞生。1894 年末，爱迪生公司的导演威廉·K.L. 迪克森（William K.L. Dickson）在美国新泽西州拍下了一段具有喜剧性质的影像片段——《华人洗衣店场景》(*Chinese Laundry Scene*)。片中的华人洗衣工因为被警察追捕而仓皇逃窜，在唐人街中的洗衣店东躲西藏，试图利用自己的拳脚功夫和对地形的了解摆脱警察。作为"黄祸论"(Yellow Peril)的现实投射，影像中的华人洗衣店格局逼仄、建筑设计诡谲，且具有竹制窗板和门匾等充满中国风情的建筑元素。

然而，与银幕上的唐人街相对的是，全球范围内唐人街的规模在19世纪末20世纪初并不庞大。1882年，美国国会通过了一项法案，规定在未来十年内禁止除商人、外交官和学生之外的任何华人劳工进入美国，由此开始了一系列排华法案的制定与实施[①]。基于这些排华法案的压力，在美华人规模持续衰减。在东南亚，"下南洋"的华人们于19世纪建立的优势也在逐渐消失。自20世纪初开始，对华人少数族群的歧视，甚至更严重程度的打击，就与东南亚民族主义的兴起和民族国家的建设并行不悖[②]。换言之，在现实中萎靡的唐人街，伴随着电影的兴起，开始作为一种相对独立于城市地理坐标的特殊影像在银幕上延续。伴随着复杂的人口迁徙和种族歧视，"唐人街"意象承载着复杂的文化意涵在影像中焕发生机。早期的电影兼具纪实性与艺术性，逐渐发展为一种大众文化和媒介工具，在这个过程中，对于"唐人街"意象的表现方式呈现出截然不同的特点。

随着时间的推移，"唐人街"意象一度脱离了"黄祸"主题，更多地被用于犯罪、惊悚等类型电影。威廉·A.韦尔曼于1929年执导的犯罪类型电影《唐人街之夜》(*Chinatown Nights*)讲述了活跃于唐人街中的白人黑帮故事，将其表现为都市景观中的特殊风貌，而不拘泥于讲述有关"唐人"

---

① 孔飞力.他者中的华人：中国近现代移民史 [M].李明欢，译.南京：江苏人民出版社，2016：222.
② 孔飞力.他者中的华人：中国近现代移民史 [M].李明欢，译.南京：江苏人民出版社，2016：293.

的故事。尤其在 20 世纪 30 年代 "陈查理" 系列电影 ① 上映后，出身唐人街的大侦探陈查理似乎更将犯罪阴谋与 "唐人街" 意象交织。

1974 年罗曼·波兰斯基（Roman Polanski）的悬疑惊悚电影《唐人街》（Chinatown）将阴郁恐怖的 "唐人街" 意象推向了高潮，甚至从好莱坞电影中脱离出来，影响了世界范围内 "唐人街" 意象的内涵。在 2015 年韩国导演韩俊熙的黑帮片《中国城》（Coin Locker Girl，又译《储物柜女孩》）和同年中国导演陈思诚执导的《唐人街探案》（Detective Chinatown）中，唐人街仍是由黑帮把持的、充满着神秘气息的暴力犯罪现场。在文化观念上，"唐人街" 意象事实上成为诱惑、腐化、阴森和犯罪的能指。

而 "唐人街" 意象又不局限于犯罪类型电影中。随着港台电影人和海外华人华侨电影人的努力，以华人为主体的电影中呈现出另一种 "唐人街" 意象。作为自我书写的典型，港台电影人和海外华人华侨创作的影片中的 "唐人街" 意象杂糅了身份认同、离散情结等多种意识，最终呈现出复杂的意象表征。例如，《唐山大兄》（The Big Boss，1971）作为李小龙在香港嘉禾电影公司拍摄的功夫片，将曼谷的唐人街展示为华人辛苦奋斗、勤劳生活和勇敢反抗的基地。此后，许多动作类型电影中延续了这种 "唐人街" 意象的设定。与上述好莱坞电影中的 "唐人街" 意象有所区别的是，两种唐人街虽然都充斥着犯罪、暴力和种族冲突，但《唐人街》等影片更多地将其理解为一种不可解释的邪恶，而后者则侧重于强调唐人街中存在的暴力的正义性与无奈。除此之外，在海外华人华侨创作的影片中，唐人街似乎弥漫着对于故土的共同记忆和离散乡愁。从李安的《喜宴》（The Wedding Banquet，1993）到毕国智的《海南鸡饭》（Rice Rhapsody，2005），充满日常生活气息的唐人街总是代表着 "家乡的味道"，对于唐人街的描述

---

① 其中最著名的应是《陈查理在歌剧院》（Charlie Chan at the Opera，1936），陈查理作为美国夏威夷警所的知名警探，和其他白人警官一起破获多件大案要案，其中陈查理以谦卑、儒雅、观察细致的特点著称。

往往是在充满了归乡想象的乐土和童年自卑的阴影中挣扎不定，对于居住地的迁移导致的代际间观念差异，也在这种日常性的描写中得以体现。

　　全球化时代为"唐人街"意象在影像上的延伸提供了更多元的可能性。近年来，由于国际间的大规模迁徙，传统的"唐人街"与其他街区之间的差异在逐渐缩小。一种作为被本土文化区隔出来（甚至是被贬抑）的唐人街逐渐被代表着中国文化和商业力量的新型唐人街所取代。人们对唐人街的认识是与华人不断被本土社会"他者化"这一历史紧密相连的[①]。然而，近几年中国经济的发展和全球范围内旅游业的繁荣，使得唐人街这一地标性区域成为可以被利用的资本，而并不局限于究竟有多少华人住在唐人街中。有鉴于此，电影中的"唐人街"意象更加趋于混杂繁复，在不同类型、不同风格的影片中，呈现出完全不同的内涵。尤其是当"唐人街"意象同时受到既往电影或其他媒介经验的影响，以及社会变迁中现实唐人街空间改造的影响，不同影像中的"唐人街"意象可能会截然不同，这对于理解什么是真正的"唐人街"意象造成一定的困难。

　　例如，香港导演徐克翻拍的《智取威虎山》（*The Taking of Tiger Mountain*，2014）开头新增了一段原片没有的美国唐人街影像，其中具有浓烈中国文化色彩的唐人街街景和全体华人留学生用英语相互交流的现代化室内场面交替出现，在一定程度上解构了"唐人街"意象原本的文化内涵。《环太平洋》（*Pacific Rim*，2013）等好莱坞科幻电影对唐人街的呈现也与早年不同，更多地凸显了繁忙有序的商业街和跨国交流的场景。有些内景甚至无法判断是中国还是海外唐人街，差异性的消解使得"他者化"的标签也因此被消解。

　　换句话说，不同电影之间有关"唐人街"意象的运用始终存在着相互借鉴与挪用，共同发展或改造出一个属于影像本身的"唐人街"意象。比

---

① 王保华，陈志明.唐人街：镀金的避难所、民族城邦和全球文化流散地［M］.张倍瑜，译.上海：华东师范大学出版社，2019：410.

起社会学家或民俗学家关心的唐人街现象，这个在影像中生成、发展和迭代的"唐人街"意象坚持以电影为依附，以影像化为主要特征，其变迁相对独立于世界史中的唐人街流变，反而可以旁证电影史的发展脉络。由此观之，电影中的"文化中国"景观一直部分借由"唐人街"意象的存在而逐渐建构。"文化中国"的影像建构可以追溯到 20 世纪 50 年代末，但是作为学术概念是由新儒家学者杜维明在 80 年代提出的。这种建构的研究意义在于，建构原型与影像之间的差异，经由不同主体的生成与发展，最终生发出纷繁复杂的形象，赋予此空间更丰富的文化内涵。

因此，必须承认的是，无论是着重于展现唐人街的异域风情和东方想象，充斥着自外向内的好奇窥视与往往负面的刻板印象，还是借由唐人街展现更为复杂的身份认同和自我主体位置的游移，丰富且差异性巨大的"唐人街"意象实际上早已脱离了唐人街的现实本体，凸显为多种具体的影像能指，并在不同的文化语境下为影片赋能。唐人街和"唐人街"意象之间所存在的互动关系和想象关系，并不仅仅是简单的反映 / 被反映。这种杂糅繁复的关系为论题展开提供了丰富的空间。

第四节　研究综述：移民史、跨文化、后殖民与国家形象

由于唐人街现象首先被社会学家和历史学家所关注，进而成为文化学的命题，有关影像中的"唐人街"意象研究散见在不同学科门类的文化研究中。几乎所有有关唐人街和海外移民问题的社会学研究都涉及"和唐人

街有关的电影"分析 ①。因此，本问题的研究综述恐怕不能局限于戏剧与影视学学科范畴，而应扩展到文化研究的各个领域。

从移民史和唐人街现实状况的角度来说，美国汉学家孔飞力（Philip Alden Kuhn）在《他者中的华人：中国近现代移民史》中以时间线索梳理了从近代早期到 20 世纪末的中国移民现象，其中根据海外华人的流散地分门别类地讨论了赴美华人、"下南洋"的东南亚华人和欧洲移民等群体的特异性和共通性。孔飞力对于移民史的调查有助于梳理唐人街现象发生的基本史实，也有助于理解海外华人群体思想变迁的理论概况及海外电影人对于唐人街的自我书写。美籍华人王保华等人合著的《唐人街：镀金的避难所、民族城邦和全球文化流散地》结合了大量社会学研究者对全球各地唐人街的实地考察报告，对于电影中"唐人街"意象和现实唐人街的互文关系也有一定的客观描述。更有意义的是，该书作者绝大多数是海外华人学者，对于"唐人街"现象更有在地性经验可供参考。

从跨文化研究的角度来说，张英进的《影像中国：当代中国电影的批评重构及跨国想象》提供了一种研究范例。张英进致力于探讨中国电影在不同批评话语体系中呈现的位置，以及中国电影的生产如何反馈跨国批评话语。其中，关于跨国想象中的全球 / 本土城市的探讨涉及了影片中的城市景观，尤其是和跨国想象相关的地标景观和消费景观。本书选取"唐人街"意象为研究对象，部分参考了张英进以香港为例讨论全球化对于城市影像的影响的分析结论。此外，周宁曾明确将唐人街作为一种"跨文化形象"展开论述 ②。周宁认为，跨文化形象学研究西方的中国形象，理论分析在形象、类型、原型等三个层次上展开。据此，出现在好莱坞影片中的

---

① 如孔飞力《他者中的华人：中国近现代移民史》，王保华、陈志明《唐人街：镀金的避难所、民族城邦和全球文化流散地》，梁茂信《现代欧美移民与民族多元化研究》，张小欣《全球化背景下的中国新移民及其国际比较》，等等。

② 周宁.跨文化形象学的观念与方法：以西方的中国形象研究为例［J］.东南学术，2011（5）：4-20.

"唐人街"意象首先应当是一种域外的中国形象，这种形象会与中国的自我形象或自我想象相互影响，因而转变为以现代中国为主体的中国形象如何呈现的问题。

从后殖民语境的角度看，多位学者试图以离散（Diaspora，又译流散）理论探讨当代海外华人文学和艺术作品中呈现出的离散族裔文化与身份的重新配置问题。以色列希伯来大学的加比·谢夫（Gabriel Scheffer）将离散族群分为古典离散族群（Classical Diasporas）与现代离散族群（Modern Diasporas）两大类，前者是指那些无法完全融入所在国主流文化，不想被他人所同化而在母文化中努力寻求心灵归宿的移民群体，如早期的犹太人与非裔族群；而后者则是应运于经济一体化和全球移民浪潮而涌现的，"由移民及其后裔构成的少数族群，在移入国生活、工作，但与祖（籍）国保持着强烈的情感上和物质上的联系"①。据此，两种不同的移民群体在文化归属上呈现出不尽相同的主体位置，并由此影响到他们对于"唐人街"意象的使用。同时，离散理论和全球化理论交叉形成的研究空间也促进了"唐人街"意象的多元化演变。南京大学人类学教授范可认为，移民现象在民族国家出现后有了不同的含义，"离散"是一种认同政治现象，是移民对故土的眷念和认同的表达，反映了全球化与文化多样性之间的互动关系。② 因此，许多本来被描绘于离散理论之下的文本（影片）其实正是多元化和全球化理论应借鉴的范例。国内许多对于海外华人导演的研究都以离散理论为基础，特别关注了 20 世纪 90 年代以来的华人文学作品和华人电影中的身份认同问题，并在一定程度上涉猎形象研究。例如，马楠楠在《许鞍华电影中身份认同与国族想象之流变》③中梳理了 20 世纪 80 年代以来许鞍华

---

① SCHEFFER G. A new field of study: modern diasporas in international politics［M］. London: Croom Helm, 1986: 3.

② 范可.移民与"离散"：迁徙的政治［J］.思想战线，2012，38（1）：14-20.

③ 马楠楠.许鞍华电影中身份认同与国族想象之流变［J］.世界华文文学论坛，2018（1）：32-39.

的多部作品。作者认为，许鞍华的作品经历了离散情怀、本位幻灭、内部差异严重、与主流意识形态融合等四个阶段，在时间的变化中，其民族想象亦不断变化。"香港或香港人的意义每时每刻都在形成、转化，这些文化意义的生产过程便是社会实践场所，交织着大大小小的权力关系。"周露霞在《海外华人导演群体研究及身份认同问题探析》①中收录并梳理了140位海外华人导演的分布现状、获奖情况并分析其身份认同问题。文章回顾了早期好莱坞电影中存在的辱华情况，以及海内外华人奋起反击、尝试自行拍摄影像的历史事实。在离散创作问题上，作者认为，海外华人导演的创作中多描述弱者，体现出其对自身身份的消极理解。在对待中国传统文化和在地文化差异的问题上，海外华人导演表现出极大的矛盾性，同时在反思中蕴含着归乡神话。从时间的角度，海外华人导演的影像实践经历了从强烈的家国认同（战争时期／殖民时期）到混杂矛盾的身份认同（后殖民时期）的变化。文章附录详细收录了140位海外华人导演的作品情况及获奖情况，可为后续研究做参考。

此外，对于"唐人街"意象的研究在以往也被杂糅至中国形象的研究中。例如，高兴梅将好莱坞电影中的中国形象总结为"腐朽衰败的封建帝国形象（19世纪末到20世纪30年代）""战乱不断、贫穷落后的中国形象（20世纪30年代到新中国成立前）""具有冷战痕迹的红色政权形象（新中国成立后到20世纪80年代）""专制集权的中国形象（20世纪90年代）""正面积极的经济政治大国形象（20世纪90年代末至今）"，并尝试分析好莱坞电影里中国形象变迁的原因。②"中国形象"和本书中的"唐人街"意象有相交之处，但侧重点不同。高兴梅试图从好莱坞影片中提取某些展现中国形象的元素，再总结归纳为某种形象，但是"唐人街"意象有

---

① 周露霞.海外华人导演群体研究及身份认同问题探析［D］.广州：暨南大学，2013.

② 高兴梅.好莱坞电影里中国形象的变迁［J］.南京政治学院学报，2015，31（6）：74-81.

最基本的落脚点，唐人街作为海外城市中华人的聚集地，本身有鲜明的空间特征。因此，对于"唐人街"意象的变迁，不仅应考察其与现实唐人街之间的关系，同时也应该从影像本身的发展、类型影片的媒介化发展等角度着手。牟娟从华人形象（男性／女性）、景观呈现（自然景观／人文景观）和物象书写（显性／隐性）等层面，对比分析 21 世纪前后好莱坞电影中中国形象的呈现差异，认为中国形象的呈现正在向好发展。[①]文章对于人文景观的分析涉及"唐人街"意象，虽然将其笼统为中国形象的表征之一，但是具体的分析可以参考。张慧瑜的《从中国元素到中国故事还有多远——新世纪以来好莱坞电影里的中国形象》[②]在梳理旧的中国形象的同时，将新的中国形象归纳为"产业链低端的空间"和"后工业空间"两种。这种前后分野的形象变化不仅在"中国形象"的研究中成立，对于"唐人街"意象的分析也有启发意义。

周文萍的博士论文《当今美国电影里的中国资源与中国形象》认为神秘古老的东方、苦难的土地、待拯救的世界这些"定型化形象"在美国电影里被不断复制与演绎，形成并强化了美国人对中国的刻板印象以及优越感。[③]翁君怡的博士论文《全球化语境下的"中华形象"——以中国电影与好莱坞的互动为中心》[④]从中美电影中的"中华形象"之异同的角度出发探讨了华人电影工作者对于"民族性"和"全球化"的选择问题。郝胜兰的博士论文《好莱坞电影里的中国"功夫形象"研究》认为，好莱坞电影中的"功夫形象"扩大了中国文化的传播范围、增强了中国文化的传播效果，

---

① 牟娟.新世纪好莱坞电影中国形象研究［D］.成都：四川师范大学，2015.

② 张慧瑜.从中国元素到中国故事还有多远：新世纪以来好莱坞电影里的中国形象［J］.中国图书评论，2014（9）：46-52.

③ 周文萍.当今美国电影里的中国资源与中国形象［D］.广州：暨南大学，2009.

④ 翁君怡.全球化语境下的"中华形象"：以中国电影与好莱坞的互动为中心［D］.福州：福建师范大学，2011.

为促进异质文化的交流与认同做出了重要贡献。① 汪黎黎的博士论文《当代中国电影的上海想象（1990—2013）——一种基于媒介地理学的考察》以"上海城市形象"为主要研究对象，认为在"本土性"对"全球性"多种形式的回应与调适过程中，"上海"被大写为"全球—本土城市"和"传奇之城"②。王冰雪的博士论文《都市映像：新世纪华莱坞电影媒介景观研究》引入了"华莱坞"这一概念用以考察影像对都市空间的描摹。③ 张佳佳的博士论文《邵氏电影："文化中国"的想象与类型话语的建构》从电影产业研究、电影史学研究和文化研究等方面综合考量邵氏电影中对于"想象的共同体"的建构方法。④ 以上研究都试图讨论电影与某种特定的、与中国有关的形象或话语体系之间的关系，其写作思路和理论阐释都对本书有启发意义。

综上所述，对于"唐人街"意象的研究与哲学社会科学的许多门类相关。通过对移民史和海外华人文化思潮的大体把握，从电影文本细读入手，将"唐人街"意象的影像生成过程和特点加以剖析，是本书研究的重点所在。对于"唐人街"意象而言，电影并不仅仅是单纯的再现工具，更应该视作一种与特定"身份—位置"密切相关的文化实践；有关主体位置和意识形态的论述将被放置在文本中逐一探讨。

本书的研究主体由三个部分组成。首先，重点分析"唐人街"意象的主体建构：探讨不同影片中使用"唐人街"意象的主体位置及其与唐人街之间的关系。其次，由于针对不同的电影主体，"唐人街"意象会呈现不同样貌，因此中间章节专注于从空间建构的角度梳理"唐人街"意象反映在

---

① 郝胜兰.好莱坞电影里的中国"功夫形象"研究［D］.湘潭：湘潭大学，2013.
② 汪黎黎.当代中国电影的上海想象（1990—2013）：一种基于媒介地理学的考察［D］.南京：南京大学，2015.
③ 王冰雪.都市映像：新世纪华莱坞电影媒介景观研究［D］.杭州：浙江大学，2015.
④ 张佳佳.邵氏电影："文化中国"的想象与类型话语的建构［D］.杭州：浙江大学，2017.

影像空间上的多种可能性，并且从城市空间规划上立体剖析地理空间、媒介空间和跨国空间对于"唐人街"意象的多维运用。最后，从电影文本的基本叙事结构入手，尝试探讨"唐人街"意象对于影像本体的反馈与变革，并从叙事结构的角度探讨"唐人街"意象未来发展的可能性。"结语"部分对本书的论述进行简要归纳，并在此基础上凸显电影研究的立足点，强调电影研究对于文化研究和电影创作、电影产业的独特价值。

第一章 《唐人街》：好莱坞的他者

> 边缘的或是"少数的"情形并非什么值得庆幸或是理想主义的自我边缘化。它是对现代性的许多种自我辩护——进步、一致性、文化有机化、渊博的民族、悠久的历史——的一种有力得多的实质性干预，正是这种现代性打着国家利益或者种族特权的旗号在为各文化中那些独裁的、"正常化"的趋势文过饰非。
>
> ——霍米·巴巴《民族与叙事》（*Nation and Narration*，1990）

如果说唐人街是海外华人作为当地边缘性群体，为了避免与当地种族产生冲突而自发（或不得不）形成的一种民族聚集区，那么，唐人街作为一种实然的存在物，显然涉及看与被看的观察视角。不同视角看见的唐人街自然有区别，更有甚者，固定视角下的唐人街是否需要被真的"看见"也可以被讨论。主体位置决定了观看视角。从唐人街的外部向内观看，可以被理解为借由其他族裔的视角来打量和窥视唐人街的内部；而从唐人街的内部向外观看，则是位于唐人街上的华人理解他所在的社区、城市、国家乃至世界；又或许，一种漂移的视角建构出夹缝中的全新的主体，在自反性的影像中，"唐人街"意象受到来自唐人街内外的双重影响。

受到美国《排华法案》的影响，美国的唐人街变革发展和其他国家的唐人街沿革相比最为复杂，其间经历的变故也相对较多。同时，在20世好莱坞电影风靡世界的背景下，电影中的"唐人街"意象在很大程度上是借着好莱坞电影的"东风"才得以名声大噪。前文提到，自电影诞生之初就有过对唐人街影像的拍摄与呈现，彼时的美国正处于《排华法案》余波之中，唐人街本身的风貌也相对趋于稳定。因此，好莱坞电影中的"唐人街"意象相当具有代表意义。发源于好莱坞犯罪类型（Crime Genre）电影中的"唐人街"意象具有鲜明的"他者"特征，成为影片中的罪案现场和邪恶集散地。

以波兰斯基在 1974 年执导的经典影片《唐人街》（Chinatown）为例，直接以唐人街命名的该片在很大程度上体现出好莱坞影片对于唐人街这个熟悉又陌生的城市空间的理解与阐释。在之后的许多年里，《唐人街》为好莱坞影片中出现的唐人街奠定了影像风格和叙事功能的基础，成为一种视觉呈现的代名词。此后，这种成功的经验被多次直接利用于"唐人街"意象空间的建构，可以说为影像媒介中一种特殊的空间产生提供了可考源头。

一、活在对话中的幽灵

《唐人街》的叙事线索并不复杂，影片讲述了 1937 年洛杉矶发生的一起杀人案件。私人侦探吉蒂斯为人所骗卷入一起桃色案件中，却意外发现了洛杉矶市政府有关建设水坝和兼并土地的贪腐问题。随着吉蒂斯与雇主莫雷太太的私人情感加深，他逐渐发现了此前的桃色案件与土地案件之间的关系，并找到了杀人真凶克罗斯。吊诡的是，影片名为"唐人街"，却实在和唐人街关系不大。在这部长达 2 小时 10 分钟 [①] 的黑色电影中，仅最后 6 分钟直接拍摄到名为"唐人街"的场景；而在前面约两个小时的影像中，

---

① 部分版本有删节以致长短不一，此处引用 IMDb 数据。

"唐人街"并非一个情节发生的空间场所，甚至也不是一个经常出现的关键性信息。事实上，除了最后的 6 分钟，影片中提及"唐人街"一词不过三次，分别在：

第 31 分钟，男主人公吉蒂斯与他的警队朋友在水坝处偶遇寒暄，对方提到他已升任副队长，因此不再负责唐人街事宜。

第 61 分钟，吉蒂斯与最终反派人物克罗斯会面，克罗斯表示"你可能以为你知道什么，但其实你不懂"，吉蒂斯笑称检察官在唐人街也这么说过。

第 78 分钟，吉蒂斯与雇主莫雷太太提及"上一次遇到这么凶险的事情"是在唐人街，自己在唐人街的经历很倒霉（bad luck），并表示在唐人街有些事情是不可解释的（Sometimes you can't always tell what's going on），应该做得越少越好（As little as possible）。莫雷太太追问为什么会倒霉，吉蒂斯表示，自己一直在避免犯罪，但最终"她"因此受到伤害。这段对话成为影片结尾莫雷太太在唐人街被杀身亡的预言。

当然，有关"唐人街"的意象并不局限于唐人街空间自身。影片中另有出现有关中国人或者华人（Chinese，China man）的描述及有关形象也应该被计算和考虑在内。比如，影片第 17 分钟吉蒂斯在理发馆与人发生争执，涉及"中国人如何如何"，并在接下来的场景中与他的同事完整地讲述了这个有关中国人的玩笑故事。莫雷太太的管家和女仆是居住在唐人街的华人，并且在影片结尾的高潮段落中承担了一定的叙事功能等。可以看出影片试图在叙事结构上嵌套进有关华人和唐人街的刻板印象，并以此成为推动剧情发展的助力。

吉蒂斯和普通的白人不同，他曾经真实地出现在唐人街中。从这个角度上说，他对于唐人街的视角并非全然是由外向内的，而是混杂了本身的部分记忆。记忆、历史，这二者绝非同义词。记忆是生活，它总是由鲜活的群体所承载，因此一直在发展，辩证地对待回忆与遗忘，不知道二者变形的顺序，可以对其进行所有可能的操作和利用，可以长期处于睡眠状态或瞬间复活；而历史始终是对不再存在的事物的有问题的不完整的重构①。对于吉蒂斯而言，唐人街绝非一段历史的遗迹，而是关于真实存在于他脑海中的（一定程度上被幻想加工过的）记忆。接下来的问题是，唐人街之于吉蒂斯是一个怎样的存在？通过影片最开始有关华人的笑话可以推测到，吉蒂斯虽然曾经深入唐人街内部，但是对于唐人街的运作模式和内在机理，他依然是混沌无知的。也就是说，这里涉及对于唐人街刻板印象的多次挪用：先通过吉蒂斯的真实经历将一种届时观众已知的、对于唐人街通常的印象转译为真实的个人经验和回忆，然后借助角色的主观视角再一次确认这个印象。关于这一点，也在吉蒂斯没能命名的那个"她"身上得到验证。通过命名，一种具体的人或物得到抽象化的表述，其描述呈现出二者关系以及受到的意识形态影响。然而，当人或物无法被命名时，其真实性和出现在历史中的与他人的关系就变得不再可靠。

由此观之，影片《唐人街》中涉及的具体的、特殊的唐人街空间中确然存在的部分少之又少。然而，"唐人街"这一名词却多次出现，并且使人感觉非常重要。究其原因，乃是"唐人街"出现在男主人公口中时，并非在介绍一个普通的地点，而是通过语言不断地生成其意涵，将其描绘成一个具有神秘气质的、无法言说的意象。事实上，根据吉蒂斯碎片化的口述可以拼凑得知，他曾经作为警员在唐人街工作，被同事和前辈建议不要过多地管理和干预唐人街事宜，但他仍然极力避免犯罪，最终却事与愿违。此后吉蒂斯离开唐人街并改行成为侦探，但在唐人街的经历却时时萦绕在他心中。然而影片并未平实地将这些前情进行表达，反而赋予作为场所的"唐人街"对于影片主人公们——洛杉矶白人市民——的意义：这是一个充满犯罪、暴力且鱼龙混杂的地方。

上述描写赋予"唐人街"意象的意义具有鲜明的主体立场。首先，它

---

① 冯亚琳，埃尔.文化记忆理论读本［M］.余传玲，等译.北京：北京大学出版社，2012：95.

是经验化的，且这种经验并非华人的。除最后 6 分钟之外，影片中提到的"唐人街"均来自角色台词，用于讲述过去的某个时期发生的事情。这些讲述均围绕讲述者（男主人公吉蒂斯）的过往经历展开，并且不涉及唐人街中的居民——华人的生活经验。

其次，它是不可理喻的，而且没有理解的必要。吉蒂斯多次强调在唐人街做事越少越好，并且将这种倾向解释为唐人街的"不可解释"。换言之，借助吉蒂斯之口，影片展现了对于唐人街存在的姑息态度，并不尝试理解和沟通，只将此视为"另类"的体现。

再次，它是与"非唐人街"相关的，且在某些情况下务须对立。从不可理喻出发，唐人街与唐人街之外的洛杉矶其余街道形成了对比关系。影片中多次出现具体的寓所地址，比如莫雷夫妇家、莫雷的女儿凯瑟琳居住的地方，甚至吉蒂斯曾经的顾客渔夫的具体家庭住址等，但是只有莫雷太太的管家住址，在每一次被提及的时候，都被指认为是"唐人街"的地址。对于"唐人街"的命名，使得这个符号天然地和其他地方区隔开来，并且成为拥有特例的场所。

最后，唐人街是不需要影像细节的，且应然地作为整体存在。不仅吉蒂斯回忆起唐人街时没有任何闪回镜头，就连这种回忆本身也并非叙事性的。在这些回忆中，唐人街并没有具体的细节或者特殊故事，它仅仅是被描述的对象，听上去死气沉沉，并不生动。

归纳以上种种，符号化的"唐人街"意象是不需要被观众看到的，它只需要被提及、被听到，或者被知道即可。作为空间实体的唐人街在影片中是被遮蔽了的，或者说，是无法作为观看对象的。须知，视觉感知活动并不是一种单纯的"视看"——"观看"（看、凝视、瞥见、观察、监视，以及视觉快感）与各种阅读形式（解读、解码、阐释等）一样，也可能是一个深邃的问题[①]。只有被观看的客体才能与主体之间产生某种心理互动，

---

① MITCHELL W J T. Picture theory［M］. IL：University of Chicago Press，1995：16.

但是影片中的"唐人街"意象显然不属此列。

作家玛丽 - 劳尔·瑞安在其关于叙事沉浸的论述中提到了有关空间沉浸的特征及其辨析。空间是抽象的、无限的，地方则是充满情感价值的具体环境，有边界现实。空间允许运动——因此自由、历险、危险，而地方则提供一种安逸感，或者压抑感。空间是无时间性的，而地方则受历史与记忆塑造；空间是匿名的，而地方则同社群相联系。通过前者，读者融入一种氛围。在论述中，瑞安将"空间"与"地方"进行对比。瑞安认为，空间沉浸的触发机制是，常常需要一个语词、一个名字或一个图像就能将读者转移到所珍藏的景观中。[①] 上述辨析可以为我们分析吉蒂斯的"唐人街"提供参考。可以说，吉蒂斯口中的"唐人街"其实并不是一个受到他本人记忆塑形的地方，而仅仅是一种空间，一种一旦被提到就能引发观众联想的机制。在这个空间联想和生成的过程中，吉蒂斯和影片观众一起完成了对于"唐人街"意象刻板化的合作推动。

二、谨慎地窥视，干净地离开

影片最后 6 分钟真正展现唐人街空间的段落也证明了上述观点。在这 6 分钟中，共有 16 个镜头，根据镜头运动和景别大小，可以分为以下四组：

第 1—2 个镜头，分别为向左 / 向右的手摇运动镜头，远景显示出唐人街两侧商铺的招牌灯箱（有"Hong Kong"和坏了一半的"Gifts"字样）。洋红色搭配苹果绿的灯箱显示出迷幻诡谲的吸引力，并且从今天的视角看，这种色彩搭配被后续的科幻电影（尤其是赛博朋克风格）所继承。另外，

---

① 张新军.数字时代的叙事学：玛丽-劳尔·瑞安叙事理论研究［M］.成都：四川大学出版社，2017：149.

这个段落是该影片相对少见的有电影音乐伴随的段落，提示一个非常重要的高潮／尾声的开展。

第 3 个镜头以男主人公驾驶的车辆后排为视点，透过车窗玻璃看到唐人街风貌，并且随着车辆的移动摇摆。在这个镜头中，电影音乐渐渐变小，唐人街的生活噪声逐渐增多，并且随着角色们下车最终穿过车身停在唐人街接头男主人公的同事们身上。与此同时，这个镜头中的色彩逐渐趋于正常，街边的广告灯牌也恢复了唐人街常用的暖橙红色，更加印证了前两个镜头的荧光色灯牌对于镜头组边界的提示和切割作用。

从第 4 个镜头到第 15 个镜头，主要通过角色间正反打中近景带动整个剧情发展。除了莫雷太太和女儿入画时的推镜头，镜头基本上保持了手持位置的相对固定。即使是在第 15 个镜头莫雷太太将车开出唐人街时，镜头也停留在原地，并未跟随。后景相对阴暗，符合黑色电影一贯的照度特点，但还是能隐约看到后景中唐人街沿街建筑的状况。简单的门脸和商铺是主要建筑，但是建筑本身与行人是没有互动的。换句话说，商铺的真正功能并未呈现，而更像是道路两侧的摆设。

第 16 个镜头是全片最后一个镜头，加上唐人街全景叠化字幕的时间，大约有 2 分 45 秒。在这个镜头中，先是通过手持镜头的左右摇动达到长镜头的正反打效果，交代警方、男主人公、同事等人物的最终走向，然后伴随着电影音乐的回归，镜头逐渐上升，最终定格于唐人街全景。这个全景镜头直接影响了后续大量的唐人街场景构造：昏暗的夜色和荧光色的广告灯牌、零星的沿街商铺和大量拥挤的围观人群。然而，无论是和今后的相关作品相比，还是和《唐人街》中的其他镜头相比，这个镜头中的街道都过于宽阔了。唐人街给予白人警察和贪腐势力极大的舞台，而自己则退居两侧。街上人物的穿着同样印证了这一点，白色服装映衬的主角背后是阴影中的华人。

以上镜头设计可以用于观察影片对于"唐人街"意象的构建及其与影

片叙事之间的关系。在这个段落中，前 2 个镜头作为建立唐人街这一重要场景的定场镜头，通过横向的镜头运动展现唐人街整体风貌，既没有俯角的全景镜头，也没有推向街内，反而模仿了男主人公的车在街上穿行的画面。从这里开始，视角明确了自身的立场：它并未试图"进入"唐人街，而是路过，并在某处停了下来。

在涉及唐人街具体景观和影片视点的第 3 个镜头中，画面主体紧紧围绕相关角色展开，尝试将"唐人街"这一被主人公多次提及的意象和影片叙事所需的具体空间相融合（这一点可以通过电影音乐与噪声的此消彼长得到结论，并且随着角色真正到达唐人街某处的目的地完成了这个融合）。这个 41 秒的长镜头"穿行"于唐人街的各处细小巷子，但却囿于车内视点的设置丢失了前景。换言之，虽然镜头展现出角色和唐人街生活化的空间（华人们生活的空间）存在于一个画框内，但是车厢的设计将其清晰地分为两个部分。事实上，除了最后一个镜头，这个在唐人街内巷口发生的 6 分钟影像并无任何背景中的华人成为过焦点，所有的镜头语言都干净明确地指向了主要角色本身。

这样的关系镜头表明，影片并不尝试就唐人街和影片的主要叙事建立某种空间上的联系；结合第 4—15 个镜头段落来看，似乎反而恰恰在避免联系。在这组镜头中，机位的相对固定显示出主要叙事空间的地位，无论是华人管家和女仆跟随渔夫"先走"，还是莫雷太太开车试图强行离开唐人街，镜头都留在原地，保持和吉蒂斯相对紧密的位置关系，绝不试图跟随以展示更多的唐人街风貌，或者其他"无关紧要"的画面，哪怕在影片的其他对话段落中随处可见对于细节的特写空镜头或者对于环境的关注。因为机位相对固定，这个段落更像是戏剧化的演出，唐人街沦为背景，并没有与角色之间产生真正的交互。这在影片仅有的华人角色身上亦是如此。

最值得深思的镜头语言来自最后一个长镜头。在吉蒂斯离开犯罪现场之后，居住在唐人街的华人们蜂拥而上地看热闹，又因为警方的驱赶而后退。这个部分伴随着镜头的上升形成了全景，但是驱赶人群的警察却并未入画，只有画外音传来。换言之，警察与终于成为画面主体的华人并不共享同一空间，似乎是刻意为之，以华人为主体的这个镜头中仅有华人本身。

三、不可理喻的符号

与其说影片最后的高潮段落是发生在唐人街内（in Chinatown），不如说故事发生在唐人街上（on Chinatown）。影片冷静克制地保持了叙事与唐人街空间之间的区隔，并且坚守着男主人公为主要视点，审视着这场唐人街上的犯罪。也就是说，这场犯罪可以发生在其他任何场景中，只要叙事赋予这个场景相对混乱、容许犯罪的意义。哪怕是画面展示了唐人街空间，但究其本质而言，影片并未赋予唐人街空间性的意义，仍将其看作一个意象化的符号，如前文所述的不可理喻的符号。

"……不需要去真正深入了解那个在他们看来极为神秘的异族群体的真正情况……因此，最简单的方式就是不论好坏，对所有华人全都一体化同样对待。"[1]影片力图通过对于唐人街和华人的同一化刻板描写，以"基本常识"的方式呈现出"唐人街＝犯罪聚集地"的概念体系（虽然影片的叙事本身是反对这个刻板印象的，唐人街之外的白人才是真正的犯罪分子）。毋庸讳言，无论是影片描述的年代（20世纪初）还是影片上映的年代（20世纪70年代），这样的"唐人街"意象是通俗易懂的，也在一定程度上迎合了好莱坞观众的刻板印象。因此，当唐人街出现在黑色犯罪电影中，其所指自当是不言自明的，尽管直到1965年美国已经全面废除《排华法案》及其相关条款。

---

[1] 孔飞力.他者中的华人：中国近现代移民史［M］.李明欢，译.南京：江苏人民出版社，2016：372-373.

对于观众而言，无论是吉蒂斯口中的"唐人街"还是影片结尾的唐人街，其意涵都不仅仅是影片本身所呈现的，当然还包括那些"本应呈现的"。"潜在和缺席构成的视域环绕着事物的实际在场方面"[①]，然而影片中的"唐人街"意象显然缺少了作为生活场景的那部分功能的表达。例如，吉蒂斯作为私家侦探频繁进入他人的私人空间，几乎每一次进入新的场所都会特意描写其开门或者按门铃的细节，以显示不同空间所属和区隔。然而在唐人街，当华人管家带着凯瑟琳（莫雷太太的女儿）匆匆出现时，吉蒂斯毫不在意他们的"来处"。华人管家住所的具体情况在此缺失，遑论门或者门铃这些细节。同样地，除了几个灯箱广告牌，唐人街其他具有民族特色的装置也被搁置，这并非影片对于道具布景的疏漏，而更像是刻意的疏离与缺席。因为对于影片真正的主体——美国中产阶级白人而言，"唐人街"意象更需要贴合西方对于唐人街的刻板印象，而非唐人街的现实状况。因此，也就没有必要去仔细描绘唐人街的特色装饰或少数族裔特质。

如果说影片结尾对于唐人街的影像呈现是将其设定为犯罪现场，那么"唐人街"意象在影片中还有另外一重含义。假冒莫雷太太的女士住所外墙上的瓦片屋檐和室内的工笔仕女画摆设都极具中式风情，似乎暗示着此建筑／寓所与华人有关，但是随后的剧情显示出这位假冒者与华人华侨之间并无半分联系，这间寓所也不在唐人街上，至少不在影片片尾展示的那条唐人街上。反观片尾的"犯罪现场"，反而没有雕梁画栋、文玩摆设等文化符号。

因此，"唐人街"意象在此承担了两种不同含义：假冒莫雷太太的女士住所的中国化装饰似乎在暗示此处是一间华人才会住的低级出租公寓，以此暗合角色身份，其意象的符号性更多与"贫穷"相连；而影片结尾处的"唐人街"意象显然指涉着"犯罪"。二者无法通用视觉符号。进一步说，

---

① 索科拉夫斯基.现象学导论［M］.高秉江，张建华，译.武汉：武汉大学出版社，2009：17.

作为空间的唐人街首先被影像化了（使之能够用一定的视听语言表达），进而被符号化了（使之能够在影片叙事中起到作用）。这是"唐人街"意象出现在影片《唐人街》中最直接的意义。

四、延伸：媒介化经验

时至今日，当许多观众（包括中国观众）回忆起他们看到过的唐人街影像时，依然会首先想到著名影片《唐人街》的结尾。观众在影片中获得的感官刺激和愉悦如此强大，以至于与文化剥离的媒介化经验占据上风，影响了观众对于"唐人街"这一实然存在的空间的认知。德勒兹强调，电影不仅是思维的产物，还能对思维产生积极的作用，创造新的思维空间。电影不再仅仅是对物质世界的模仿，而是成为对不可思考之物的思考，是非概念世界和概念世界的交汇点①。近年来，在数字技术和赛博空间大行其道的背景下，电影无可避免地承担了同化不同国家、民族乃至身份地位的功能，并且对于更为本土化、个性化的体验造成了挤压和占据。

要考虑影像中的"唐人街"意象生产所造成的影响，势必先明确首先来自好莱坞的"唐人街"意象对于后续的形象生产乃至认知所带来的连锁反应。简单来说，就是"唐人街"意象甫一于电影中出现，就创造了属于其本身的符号化表征，这种表征随着影片的不断生产逐渐变化，但是却难以抹去最初的意涵。因为媒介化经验往往不需要太多阐释就能生效，它强烈依赖于媒介体验时的感受和超越理性的刺激。比如《唐人街》中令人不寒而栗的电影音乐和血淋淋的、恐怖的凶杀影像立刻会吸引观众的注意力，使之没有闲暇顾及唐人街空间本身的展示是不是"和个人经验中的有什么

---

① 赵晓珊.电影可能是什么？——德勒兹电影哲学思想初探［J］.国外理论动态，2007（10）：73-76.

不同"。事实上，"有些媒介感受促进脱离文化的经验，并且创造缺乏亲密感和解释性的社会化。媒介化的符号不必与所指物相连，而所指物本身也不必有意义"①。詹姆斯·罗尔以里约热内卢为例，指出对于大多数媒介接受者而言，里约热内卢并非巴西的某个特定城市，而是一个沐浴在阳光中的、性感的代名词。那么在好莱坞电影中，"唐人街"意象显然成为犯罪与复杂混乱的代名词，并且有愈演愈烈的趋势。

之所以说愈演愈烈，是因为伴随着资本和技术的赛博空间一旦产生，人类的非媒介化经验面对时空压缩就显得不值一提。"跨文化"一词总是很好地遮蔽了不同形态的文化在共享时空上的不平等性。当美国以外的电影观众欣赏好莱坞电影时，诚然会因为各自的文化背景和所处环境的区别影响各自的审美与理解，但是感官的愉悦却是先行的。无论是举世瞩目的《黑客帝国》还是《星球大战》，最先引发观众狂呼的往往是其技术层面。数字技术带来的感官愉悦造就了观众"自以为成立"的媒介化经验，并且将其与非媒介化的、个人的或者本土化的经验相混淆。有时候它们会引起冲撞（比如一位 20 世纪 70 年代即在美国的华人，看到《唐人街》时很容易就能反应过来影片中的唐人街和他的家有哪些异同，据此理解影片中的"唐人街"意象和现实状况的差距之大），但更多的时候，媒介化经验直接填补了非媒介化经验缺失所带来的空白。举例来说，新中国成立之初，东北作为老工业基地承担了许多译制片的配音工作，以至于当年许多的译制片中文配音都带有东北方言的痕迹。在那个年代，鲜少有人对此提出疑问，但是听惯了赵本山和小沈阳小品的新一代年轻人看到这些影片时往往觉得"搞笑"，难以对这种方言产生认同。"80"后、"90"后们用若干年后的春晚小品经验（当然这也是媒介化的）凌驾于曾经的电影生产与接受之上，是因为分属不同时空的媒介产品杂交产生了混乱。这种混乱一如"唐人街"

---

① 罗尔.媒介、传播、文化：一个全球性的途径［M］.董洪川，译.北京：商务印书馆，2012：315.

意象的影像化表征问题一样，正在随着全球文化的扩张变得日趋严峻。

因此，以《唐人街》为代表的好莱坞影片中产生的"唐人街"意象，被广泛应用于犯罪、惊悚类电影之中，凸显了罪恶、恐怖和不可理喻的气质。虽然这种"唐人街"意象和现实中的唐人街景观相去甚远，但是受到文化霸权和媒介经验的影响，上述"唐人街"意象在当下的影像中具有较为突出的主导性和典型性。

在这里必须指出的是，既然媒介的接受者（电影观众）客观理性地看待影像化了的"唐人街"意象是不太可能的事情，那么媒介的形象系统背后的意识形态和资本逻辑也就顺其自然地传播到了千家万户。电影作为消费品，隐含着"政治—经济—文化"三位一体的内在结构。影像的生产一旦进入工业化序列，更为系统化、标准化的"唐人街"意象就会诞生，并且反复确证。形象与形象之间往往存在着一些逻辑，经过不断的影像生产加以巩固。举例来说，一部以白人男性为主角的超级英雄电影，主要配角至少应包括一名白人女性为伴侣，一名少数族裔男性（往往是非裔）为同伴，这就是一个最基本的角色形象系统。照此推理，"唐人街"意象和人物形象类似，也存在着一定的系统乃至"套路"。这套"意象"系统不仅影响了好莱坞内部的电影生产，同样对后续的其他电影中的"唐人街"意象产生影响，虽然这种影响未必是积极的。在理解了好莱坞类型电影将"唐人街"意象视作罪恶之后，海外华人和中国国内的电影人显然无法全盘认同。在他们创作的影片中，"唐人街"意象变得更加复杂，所呈现出的主体位置也更加暧昧、游移。

综上所述，本章从主体建构的角度切入"唐人街"意象的影像生成问题。电影中的"唐人街"意象存在着不同主体进行建构的语境与文化潜质，探讨影像背后的主体性成为首先需要解决的问题。引入著名的好莱坞电影《唐人街》进行考察是希望从源头上找到"唐人街"意象在视觉呈现上的某些经典案例以供参考。在好莱坞意义上的电影主体层面，海外华人总是一个被由外向内观看、凝视的对象，在此意义上生成的银幕"唐人街"意象更像是一个他者化的场所，其根本目的不在于刻画华人或华人的生存空间，而在于用华人对象充当主体身份与族裔特征的一个镜像。特别是在黑色风格的犯罪片序列中，唐人街及生活在其中的居民往往充当了凶杀、压迫、谎言等人性阴暗面的象征，它被用于暴露主体自身的症候与悖谬，彰显了好莱坞特定文化主体的表意实践。

因此，在好莱坞电影中，"唐人街"意象更容易被描述为一个与西方世界对立的"他者"。和非此即彼的绝对区隔不同，唐人街并非一个不可触达的地方（这一点是在好莱坞经典电影中和遥远"东方"相比最大的区别），而是近在眼前的奇观景象。跨过资本主义／全球化的进程导致了空间的迷失，民族国家不再是空间组织的唯一形态。因此，在美国洛杉矶的城市角落，才可能出现如此庞大的华人聚集区。对这种城市异化而言，混乱可能是先在的。作家凯文·林奇在《城市意象》一书中探讨"可意向性"时，曾经提出预设的心理主体，而认知图绘则是通过这个心理主体的视觉参照来描绘的。在《唐人街》中，吉蒂斯显然就是那个被叙述者预设的心理主体，跟随他的视线和路径，观众逐渐掌握洛杉矶这座城市的风貌。然而，本该最先出现的唐人街（吉蒂斯号称"之前"在此工作过）却是最后到达的，并且跟随一起犯罪事件而出现。虽然《唐人街》的叙事中涉及诸多城市建构和自然地理的问题，但影片并没有给我们相关的洛杉矶地图，使我们只能通过吉蒂斯的眼睛想象这座城市，毫无疑问，这样做的后果就是，一个并不知道具体地址的唐人街被放置在了最偏远的地方。

然而另一个值得思考的空间叙事问题是，当莫雷太太最终选择经由唐人街逃亡至墨西哥时，"唐人街"意象中蕴含的"边缘"或"通路"的含义被进一步扩展，并在后续对于"唐人街"意象的不断改写和生成中，形成了对于空间可延展性的全新思考。

第二章 《别告诉她》：全球化的夹缝

> 在他忙于这些的时候，悬在他头顶上的笨重的白镴灯随着船的摇晃不停地摆动，在他满是皱纹的前额投下不断变化的光影交错的线条。这情景就好像当他在皱巴巴的地图上标出线条与航道的同时，一支看不见的笔也在他前额这张有着深深刻痕的地图上描绘出线条与航道。
>
> ——赫尔曼·麦尔维尔《航海图》（*The Chart*, 1988）

如果说好莱坞影片中的"唐人街"意象是一种由外向内的窥视，那么长期旅居海外的华人华侨电影人正在试图用一种兼容的方式书写唐人街。由美籍华裔导演王子逸根据自身经历改编的电影《别告诉她》（*The Farewell*）在 2019 年大火，让人们又重新回忆起李安的"家庭三部曲"。多年来，海外华人华侨、港澳台电影人以影像的方式讲述"中西文化差异"的情况并不罕见。无论是《喜宴》以自嘲式的幽默将同性恋问题和中国传统文化糅为一体，还是《别告诉她》认真严肃地讨论东西方文化对于生命和个体理解的差异，影片中的华人移民以及他们背后隐约可见的唐人街都似乎在夹缝中生长。中国现代文坛将许多凸显 20 世纪早期民族意识、爱国情怀与表现"美国梦"和自由追求的作品统一于"移民文学"的范畴，这些文字中蕴含的流离乡愁和文化融合的艰苦，如今同样在影像中呈现。

一、文化差异的表达

《别告诉她》的剧情非常简单。家在长春的奶奶得了绝症，家人们选择隐瞒，并以一场孙辈的婚礼为名使大家相聚。在纽约长大的华人女孩碧莉得知后，认为奶奶有得知自己病情的人权。观念的差异导致了家人们之间的冲突，最终碧莉并未将病情告诉奶奶，在短暂的"探望"后继续回美国工作。

与影片在海外的走红相反，《别告诉她》在国内的票房和口碑使其必须正视对于中美文化差异的选择性表达，以及这种表达背后隐含的主体立场。尽管女主人公碧莉在面对中国服务员"是中国好还是美国好"的提问时坚持逃避问题而只是说"不一样"，但影片中有关长春和纽约的影像必然被拿来反复对比。从碧莉父母在纽约郊区的小洋楼到奶奶在长春的老旧公寓房，中国观众似乎在华丽与萧索之间感受到了强烈的不适应和被冒犯。"但《别告诉她》中，隐隐约约的傲慢视角充斥影片各处。例如，按摩、捏脚与拔火罐；啰里吧唆的宾馆前台；专业的哭丧团队；面容呆滞的酒店服务员；厨师把龙虾私自换成螃蟹，事后又不承认；等等。这种'他者'视角镜头的大量使用。令中国观众产生强烈不适感。"① 我们应当追问的是，究竟是怎样的影像表达被理解为了"傲慢视角"，从而使得中国观众感到不适。两地房屋的对比可能是一个很好的例子，用来窥看叙事视角的选择。在美国时，当女主人公碧莉回到父母的家，镜头给到了一个标准的美式二层别墅外景。阴暗的天色下，明亮的暖黄色灯光带来家的方向和温暖。虽然从后续的情节我们得知，碧莉在这个家中并不快乐，但"家"这个意象对于碧

---

① 《别告诉她》拍出了真实的中国吗？［EB/OL］.（2020-01-19）［2023-10-30］. https://baijiahao.baidu.com/s?id=1656127449323210402&wfr=spider&for=pc.

莉而言是明确的。相比之下，碧莉刚来到长春的时候，对于碧莉奶奶的居所也有一个镜头带过。这是三面环绕的高层公寓楼，平顶的设计和统一的外立面涂装很有 90 年代的特色。最关键的是，同样是阴沉天气，每家每户都没有开灯或者添置悬挂物，每个窗口看起来都是相似的。与其说影片通过碧莉传达了一种他者视角，倒不如说碧莉对于中国而言确实是迷茫的。这种"他者"是先在的，就像碧莉在镜头中找不到家的焦急样子。

去考虑"他者"视角的问题，首先应当将个体的认同与集体的认同相区别。"自然产生"的认同是不存在的。两者之间的差异或在于，集体的认同不像个体的认同那样，有一个明显可见的身体作为基础载体。集体的认同的可见性受到一个完全来自象征层面的表达方式所限。[①]对于碧莉而言，寻找家的路径明显是为她的身体所服务的。换言之，无论是面对美国家里灯光所产生的向往还是面对长春楼房产生的迷茫，都仅仅是一个个体认同层面的问题（而这在影片剧情中已经有了解释：碧莉自小在美国长大，是一个典型的"移民二代"，她对于中国的陌生，首先来自自己的身体）或者说个体化的，而不是对于"中国"这个宏观概念的认同与否。

个体意义上对于中国的无法认同并不必然导致对于集体意义上的中国的否定性态度。影片坚持国际化的比较视野，其间包含着多种维度的差异性呈现，从对生命的理解到对亲情的表达，并不仅仅在于物质生活条件的优劣分别。可叹的是，无论是国产影片还是海外华人的作品，只要涉及对比，非中国的一方则被认为是更加"全球化"的一方，而全球化毫无疑问成为先进的发展方向。平和地进行影像上的兼容而非兼并，似乎已然不再可能。

尤其是当这些"全球化"的电影确实是为全球不同国家和地区的观众创作的时候，问题可能更加严重。实际上，大量事实证明，20 世纪 80 年

---

① 阿斯曼.文化记忆：早期高级文化中的文字、回忆和政治身份 [M].金寿福，黄晓晨，译.北京：北京大学出版社，2015：136.

代以来许多全球流行的文化产品确实走着相同的道路①。对于更多潜在观众的特意迎合正在促进观众用一种全球化的思路解读他们看到的影片。在这种解读方式中，每个细节都应被理解成一种符号，而和能指本身的意涵无关。《别告诉她》为了在全球更大范围发行，在文化倾向上采取的"骑墙态度"导致了海外华人这个主体成为全球化潮流中的漂萍，显然无法满足中国观众的期待。

如果用一种更加褒义的词汇来形容上述"骑墙态度"，则可以将其命名为"跨界"。李安的电影就尤其体现出文化和影像表达上的双重跨界性。李安华语电影的想象编码具有一种鲜明的双重性：一方面试图通过"文化中国"的想象为华语观众提供一个重温中国梦和中国身份的机会；另一方面又不断用西方知识"翻译"和"改写"中国，以唤起西方观众的共鸣。李安这种双重的编码方式与离散族裔的双重视野、双重意识是分不开的，它反映了离散族裔双重的文化与身份协商②。《别告诉她》在创作上同样带有这种跨界的表达方式。然而，跨界编码对于中外的差异化描写落实到影像上，依然促进了好莱坞意识形态的再次传播——虽然电影作者本身未必意识到这个结果。

至于说到"他者视角"，《别告诉她》中有一组很经典的镜头展现碧莉从个体层面上的"自我他者化"。在从医院回家的过程中，碧莉需要帮助家人制作一张假的体检证明用以欺骗和安抚身患绝症的奶奶。当碧莉跑步穿过长春街头的时候，她以一个"游荡者"的身份第一次接触这座城市。德国文学批评家瓦尔特·本雅明确立了"游荡者"作为现代原型人物的地位。"游荡者"区别于单纯的散步者或闲逛者的特点在于他的城市性（urbanity），但对城市的了解不仅仅在于对它与非城市空间之区别的批判

---

① 布兰斯顿.电影与文化的现代性［M］.北京：北京大学出版社，2006：66.

② 向宇.从离散叙事到跨族裔想象：论李安电影创作［J］.当代电影，2013（9）：116-121.

认知上。它还体现了对一个城市的不同力量和影响的明确认识，而这些往往是通过观察城市人口而表现得最为明显的。[①] 在影片中，碧莉是最合适的"游荡者"，因她对长春作为"老家"的先然关系和从未仔细审视过的陌生化视角，她可以在城市中通过步行丈量这个空间真正的内涵和意义。此种意义上的"他者视角"和萨义德有关后殖民主义的他者论述并不完全相当。从某种程度上说，作为"游荡者"的碧莉才是故事的叙述者。在影片的结尾处，碧莉转而在美国街头游荡的时候，一种尽可能保持中立的跨界表达一览无余——对于碧莉而言，在美国或者中国的街头，她都是一名"游荡者"——没有集体，这才是碧莉的集体认同。

二、文化共同体

与此相对，从文化地理学出发的电影文化共同体也在逐渐生长。无论是"亚洲电影"还是"华语电影"的称呼，都是在以命名的方式试图构建一种相互关联的、跨越国界的共同体，使之可以应对好莱坞强烈的文化霸权。在此之前，以劳动为目的的迁徙和移民已经推动了好莱坞电影产业集群的发展，20世纪80年代中国女明星"出走"美国就是很好的例证。更值得玩味的是，恰恰是几个世纪以前的类似的人口流动创造了美国的唐人街，从而为其影像生产提供原始素材。从当前的状态看，全球化的概念和现代化的概念非常接近，而全球化是两种反向趋势的巧妙融合。一方面，全球化是扩张性的。对每个个体而言，人们的生活世界在扩张，区域性的、本土化的、民族性的各种因素不断地向全球范围延伸，不同的国家、民族或组织也得以借助种种跨越边界的通信形式而联系起来；另一方面，全球

---

① 塔利.空间性［M］.方英，译.北京：北京大学出版社，2021：120.

化又是内缩性的。对整个世界群体而言，随着人类不断跨越在空间、制度、国家、文化等方面的障碍，日益加强在全球范围内的信息沟通和人际关联，人们所面临的发展困境也越来越趋同，现实焦虑也日趋集中。[①] 电影的文化共同体在这种语境下尝试找到沟通协作的可能性，用一种看似更具有普适价值的方式，讲述一个个属于"全球"的故事。

事实上，意识形态系统只有在可以被表达和交流传播时才有说服力。那么，自然地，大众媒介和其他大规模的社会机构在意识形态的传播中扮演着重要的角色。主导意识形态的创造者成为"信息精英"。社会上的许多精英必须依赖非精英文化形式——大众媒介和大众文化——传播他们的意识形态以便维护他们的已经很高的社会地位。[②] 既然精英阶层利用技术媒介与资本的优势向下传播意识形态是既定事实，越来越多的国家和地区的文化界力图通过"共同体"的方式在一定程度上抵抗伴随着大众文化而来的意识形态也就不足为奇了。在文化共同体的实现过程中，人口流动是首先需要考虑的问题。人口的流动帮助不同国家和地区更好地互通有无、了解彼此的诉求，但正如跨文化理论所揭示的那样，随人口一并流通的文化也无时无刻不在沟通、融合、混杂和更新。

全球化的人口流动既可以支持好莱坞的电影产业集群，也可以推动文化地理共同体的发展。许多文化身份与民族国家之间的紧密关系断裂，新的国际劳动分工、新形式的文化产品（通过美国有线电视新闻网 CNN、音乐电视网 MTV 和卫星广播）、新的政治形式（如欧盟）和新的对生态关联性的理解，都已经在挑战民族国家的权力并创造了与它的国界不相对应的文化地理。[③] 然而需要考虑的是，文化共同体与国家认同（或者地区认同）

---

① 赵静蓉.文化记忆与身份认同［M］.北京：生活·读书·新知三联书店，2015：145.
② 罗尔.媒介、传播、文化：一个全球性的途径［M］.董洪川，译.北京：商务印书馆，2012：19.
③ 鲍尔德温，朗赫斯特，麦克拉肯，等.文化研究导论（修订版）［M］.陶东风，和磊，王瑾，等译.北京：高等教育出版社，2004：180-185.

同样存在着矛盾或纠结，而这并不比面对好莱坞霸权问题更加轻松。

再以前文所述的新版《智取威虎山》为例，徐克在 2014 年"北上"拍摄的影片《智取威虎山》开头有一段美国唐人街的影像。整个段落起始于写着"New York 2015"的黑场，在圣诞歌曲的伴随中，通过 2 个推镜头俯瞰城市雪景。之后，一个长达 5 秒钟的镜头（1 分 28 秒至 1 分 33 秒）通过推镜头仰角拍摄，展现出唐人街上各色商铺的霓虹灯招牌，以中英双语展示出店名特产等。随后的跟拍移动镜头给到留学生姜磊的腿部，并随他进入一个满是中国青年人的聚会现场。

在这个段落中，镜头语言的设计遵从从大到小的思路，先是纽约城市的全景展示，之后通过两个雪景空镜头逐渐聚焦于某个街区，再通过运动镜头推入唐人街街道，直到具体的聚会房间。事实上，2015 年的中国赴美留学生不一定住在唐人街（至少纽约大多数中国留学生并不住在唐人街，因为离学校距离过远），然而影片依然坚定地将这个聚会场所的镜头和唐人街大型牌坊的镜头相连，清晰地刻画了空间关系。电影所创造出来的在场是不确定的，它诱使我们进入想象的世界而误认为自己是见证者。通过以上两个镜头的连接，影片将作为现实历史和黑色电影中经常出现的、作为场所的唐人街（以及它们背后可以体现出来的有关民族认同和集体记忆的部分）和当下留学生的个体行为产生联系。就跨国流转的主动性而言，留学生们自愿出走的行为和唐人街历史上的"华工"移民完全是两个概念。

然而，电影这一媒介的致命危险就在于，观众错误地以为自己就是见证者，而他们实际上只是观众而已。从"就像我当时在场一样"产生的是"我当时确实在场"的幻象；假定性的"当时可能是这样"于是屈从于"当时的确是这样"的谬论。电影图像的魔力对想象和记忆施加了一种不可抗拒的力量，而大脑则很难分辨这两种精神上的程序。电影图像——完全从古典时期的记忆法来说——是行动的想象，是具有高度情感潜能的被深刻映入想象和回忆的表演图像。① 这段试图改变观众记忆的影像，其中的历史又是多重建构的。与《唐人街》等好莱坞犯罪类型影片中出现的"唐人街"意象相比，这段镜头整体干净清爽，唐人街的空间毫无逼仄拥挤之感，反而是后面留学生姜磊乘车赴机场的段落体现出了纽约其他地区的交通拥堵问题。整个街道布置充满民族气息。灯箱上闪烁的金币图案和中国结装饰作为唐人街的标志十分醒目，招牌上以繁简两种字体交替出现的细节也印证了此条唐人街对于港澳台和内地"一家亲"的指向。这种自我指认无疑将当代的、来自中产阶级子女的留学群体和曾经被认为肮脏低下的现代中国海外劳工群体（苦力）相关联，承认其共同的华人华侨身份。由此观之，一种广义上的"唐人街"意象具有极强烈的包容性，承载着各种意义上的旅居海外的人们对于空间内部构造和说明的决心。诚然，对于当今的中国电影而言，其所呈现出的当下海外留学生的立场自然而然地比承载曾经的华工立场要容易得多。因为对于空间的文化记忆和想象性建构本应是出于个体经验的视角。如果电影的创作主体没有被曾经黑色电影中饱含二元对立的"唐人街"意象所倾轧，那么选材自当下也就顺理成章了。

三、文化记忆

在承认华人华侨身份的背后，这个段落又或多或少地带有独属于香港的痕迹。导演徐克从城市景观过渡到唐人街内的景象只用了一个镜头，而这个镜头几乎被鳞次栉比的灯箱填满，观察细节，商铺中出现了贩卖西式手表的表行招牌。然而事实上，受到北美《排华法案》的压迫，华人移民

---

① 阿斯曼.记忆中的历史：从个人经历到公共演示［M］.袁斯乔，译.2版.南京：南京大学出版社，2022：142.

退缩到唐人街范围内那极其有限的几个行业中谋生，这几个行业主要就是洗衣坊、小餐馆以及杂货店。① 在唐人街中售卖西方知名品牌手表的情况既不符合实际情况（因为本地亦有品牌正式专柜），又没有明确的影像历史可查，反倒符合曾经香港的街道样貌实际情况。徐克版的《智取威虎山》从剧情设计到场景布置，大量致敬了京剧版的构思，就连人物形象设计都趋近于脸谱化，以呼应京剧版的化妆形象。然而，影片一头一尾有关留学生姜磊在2015年的生活境况的设计，并非取材于京剧版，而是新版影片的创新。根据徐克的口述采访② 可以发现，姜磊观看京剧版《智取威虎山》的情节承载了徐克早年在美国时的个人经历和感受，带有导演个性化的思考和表达，这就不难理解如此具有"港味"的"唐人街"意象何以在影片开头存在了。

在影片中，"唐人街"意象所承载的不仅仅是旅居海外的群体记忆，更是从在边缘不停交织的文化记忆中萌芽。迄今为止，中国电影的民族论述仍然无法妥善处理香港电影、台湾电影和海外华语电影的位置，以影片的通用对话语言来框定的"华语电影"必然抛弃了某些海外华人主创群体创作的影片。但是，如果用"唐人街"意象的视角来分析，会发现所有关注到"唐人街"意象的影片，必然存在一个可以与唐人街发生关系的主体位置。《别告诉她》中的女主人公碧莉和《智取威虎山》的现代视角主人公姜磊，在海外唐人街内与其他华人相互之间都以英语交流，以至于《别告诉她》实在算不上一部标准的"华语电影"。如果考虑到制片和资本方面的细节，则有很多类似影片距离"中国电影"恐怕相去甚远。作为"游荡者"的碧莉实际上可以自由地穿梭在中国或者美国，华人居住区/唐人街或者

① 孔飞力.他者中的华人：中国近现代移民史［M］.李明欢，译.南京：江苏人民出版社，2016：236.
② 当红色经典遇上武侠老怪：独家专访《智取威虎山》导演徐克［EB/OL］.（2020-08-20）［2022-06-30］.https://baijiahao.baidu.com/s?id=1675554938737321688&wfr=spider&for=pc.

其他社区；更有甚者，她可以今天使用中文宣布自己是"中国人"，而明天则使用英语认同自己的美国人身份。和其他描写海外华人的影片相比（例如《喜福会》或《智取威虎山》），碧莉是没有回忆的。影片不曾用任何一个段落展现碧莉小时候的画面，无论是在中国还是在美国。为了增强我们的自我意识，需要将过去解放出来，并使之成为可接近的事物。[①] 碧莉的"无过去"更加体现出她自我意识的缺失，体现出她从个人角度对于历史和记忆的茫然无措。在影片结尾，碧莉回忆起自己被奶奶所传授的"气功"时，她才真正拥有了记忆——有关个体的和有关中国的记忆。从这个时刻开始，她不再呈现为他者视角。

但是"唐人街"意象不会拘泥于此。任何试图建构"唐人街"意象的影片都传达了影像背后的主体文化记忆。同样是一条有着霓虹灯箱的唐人街，《智取威虎山》的自我指认显然相当自信。进入唐人街的姜磊尚未露面就出现的旅行箱意味着，说汉语的他可以出现在唐人街，却未必"属于"唐人街。向内的发掘和向外的空间可能是同时存在的。同样是聚会场景，和《喜福会》中各个年龄、性别乃至种族的人齐聚一堂不同，《智取威虎山》中这短短的几分钟出现的全部是华人面貌的年轻人——尽管他们大多数说英语。年轻化的面孔展示出更少的个人经验，尤其是与自身所处的唐人街相关的经验，仿佛他们就只是在这里一样。《喜福会》中在美国出身的二代移民，他们的记忆和唐人街相连，闪回的很多片段都表明了这一点。但姜磊的联想不属于唐人街，他的记忆直接继承于他的祖辈，就好像《喜福会》中的三位老妇人围坐在麻将桌闲聊的时候回忆各自年少时在中国的故事那样。

---

① 段义孚.空间与地方：经验的视角［M］.王志标，译.北京：中国人民大学出版社，2017：154.

四、文化消费

考虑到上述两部影片的出品年代差异，观影的语境早已改变。"唐人街"意象中对于空间的定义需要被重新思考，虚拟世界也强势地进入了另一个虚拟世界——电影本身当中。当留学生们对着家中的电视荧屏欢快地唱歌的时候，影片对于年轻华人个人经验缺失的讽刺得以突出体现：老人们的经历可以被拍成电影或者画成画册，然而年轻人却从电影或画册中获取信息。《智取威虎山》丝毫不回避一首英文流行歌曲在唐人街中的地位和它能够产生的影响，因为消费时代在一定程度上消解了"唐人街"意象的内在空间，使之变为各种记忆——包括传统的、代代相传的回忆和媒介经验——的碎片化拼贴空间。同样再以《喜福会》为对照，女儿们总是和母亲发生争执，讨论在一个唐人街的家庭内部，中国文化还是美国文化应该占据主要地位，指导代际的教育与沟通问题。两代人为了各自的文化和想法产生冲突或和解，首先都依赖于她们所处的唐人街空间本身可以被某种文化所占据。但《智取威虎山》中的聚会空间则不然，一首歌唱罢，下一首可以与上一首毫无关系，与其说京剧或者英文歌占据了这个空间，不如说是它们轮流在这个空间出现，然后消失，或者在另一个空间继续生存。换言之，这里的"唐人街"意象虽然介入唐人街内部，但是这种内／外的区别仅限于视角。影片试图弥合不同文化背景的观众对于唐人街的不同记忆，然而却因此彻底解构了唐人街的内部空间，使之变成一个纯然的"意象"，一种被消费和超现实空间利用的标签。

有关针对屏幕／银幕空间的强调超过现实空间的问题，参考堵车路上的姜磊掏出手机、继续听完京剧版《智取威虎山》就能很清楚地发现，在被承认之后，"唐人街"意象的空间化属性本质上又被屏幕／银幕空间消解了。"只要错误在于空间的碎片化，并且，只要对这种碎片化的失察在于存在幻觉，就不可能有任何可以纠正错误的图像。正好相反，图像破碎了，它们本身成了空间的碎片。对事物的剪贴、剪裁（découpage）与拼集（montage）——它们是图像构造艺术的阿尔法与欧米伽。"① 碎片化的并非作为海外华人离家远赴重洋之后的桥头堡和集散地的唐人街，并非曾经承担着非常复杂且重要的文化意义的唐人街——这个唐人街在影片中不复存在，取代它的是代表着共同文化记忆的"唐人街"意象，在广泛地纳入了各种历史与文化的意识形态和记忆表征之后，"唐人街"意象成为唤起有关"中国"情绪的、正在生成并且还将不断变换的空间。唯一的问题是，"共同的文化记忆"这一说法本身值得考察，且共同的文化记忆背后的个体是否需要厘清。

鲍德里亚曾经试图阐释虚拟影像对真实的取代，他认为"从今以后，那些通常被认为是完全真实的东西——政治的、社会的、历史的以及经济的——都将带上超真实主义的类像特征"②。在全球化的今天，城市不再是政治或工业/商业的聚合场所，而更加成为一种符码本身。詹明信认为，"在当前的社会里，庞大的跨国企业雄霸世界，信息媒介透过不设特定中心的传播网络而占据全球，作为主体，我们只感到重重地被困于其中，无奈力有不逮，我们始终无法掌握偌大网络的空间实体。未能于失却中心的迷宫里寻找自我究竟如何被困的一点蛛丝马迹"③。无论是麦克卢汉关于"媒介是人的延伸"的论断还是詹明信对于后现代超空间的把握，都不得不使人感到困惑和迷茫：既然"现实空间"和"超空间"之间的界限似乎变得模糊，无处不在的媒介与人类感官之间的交互是否应当予以特别留意？换言之，

---

① 列斐伏尔.空间的生产［M］.刘怀玉，等译.北京：商务印书馆，2022：142.

② 贝斯特，凯尔纳.后现代理论：批判性的质疑［M］.张志斌，译.北京：中央编译出版社，1999：152.

③ 詹明信.晚期资本主义的文化逻辑：詹明信批评理论文选［M］.陈清侨，等译.北京：生活·读书·新知三联书店，1997：497.

既然唐人街空间的意义已经被屏幕消解，针对空间表达方式的解读是否仍有其意义？当以"唐人街"意象这一研究对象为例时，其是否真的拥有实在空间？

事实上，作为媒介／影像组成部分的"唐人街"意象与作为场所的唐人街如此不同，混淆始于经验；是人的感官发生了混乱，将彼此的经验加以混用，因此产生了人与场所的模糊或断裂。但在任何一个确定的场所中，权力仍然在滋长和流动，并不因为人们的混淆和困惑就趋于平滑，而是针对每个个体化的经验予以不同的媒介信息。坐在聚会空间中"切歌"的留学生们对于被切掉的京剧的理解可以是完全不同的，然而坐在电影院看到这一段的观众却未必。当被影像消解的"唐人街"意象空间本身就存在于银幕（电影）之中时，场所空间与超空间、媒介经验与个体感官经验之间的交互就显得格外有趣。借助"银幕中的屏幕"的出现，这段描绘"唐人街"意象的影像似乎又获得了如"现实场所"一般的真实存在的地位，从而继续刻画一种虚拟的真实。后现代和全球化的表述并不总是消解霸权，反而有时将它们隐匿得更深入人心。

在意识形态与文化霸权之外，"唐人街"意象的影像生成还与消费主义相关。如果将目光放置在近现代中国史，就会发现消费与民族认同之间的关系不言自明。在一次又一次"抵制日货／抵制洋货"的呼号下，中国民间资本蓬勃发展，并且借由形象化的消费文化创造了属于自己的地位。举例来说，1915 年在美国旧金山首次举办的巴拿马太平洋万国博览会上，中国产品共获得 1211 项奖，在全部 31 个参展国中独占鳌头，这也是我国在参加的历届博览会中所获成绩最优秀的一次，其中不乏政府所做的努力。1928 年的中国国货展览会更是将这种"爱国—消费—展会"之间的联系建立得更加紧密。按照罗兰·巴特对于"神话"这种社会常识的理解，国货展览会成功地暗示了国家主权和领土的完整，并在消费者"国货自给自足"的幻觉中成功将其培养为中国经济的一员。

　　同样的道理放在"唐人街"意象的研究中依然成立，尤其当这些电影为海外华人华侨或非大陆电影工作者所创作之时，他们创作的影像中的"唐人街"意象同样是一种社会性暗示，仿佛承认电影创作者、观众（电影消费者）与这个意象之间必然的联系。经由这个特定场所的表征，中国观众或华人观众更趋向于认同电影的其他部分。不得不承认，大多数海外华人在创作与唐人街有关的影像作品时，目标观众也集中于中国人或海外华人。那么作为"国货"的"唐人街"意象便既要和作为"洋货"的"唐人街"意象有所区别、利于辨认，又不能毫不相关、顾此失彼。因此，无论是《喜宴》《喜福会》，还是《智取威虎山》和《唐人街探案》，借由早已出名的符号化"唐人街"意象进行自我讲述也说得通了。在消费主义的框架下，观众作为消费者的已有经验成为不可挑战的权威，无论哪种主体背后的"唐人街"意象，其间的表征和语法都存在一定的相连。这是"唐人街"意象被不断改变和生成的本质原因，当一个漂移的所指变得越来越不可捉摸时，它的能指却自成体系，游弋着生长。

　　综上所述，通过对《别告诉她》及其他有海外华人和唐人街场所出现的影片进行有关"唐人街"意象的分析，可以看到当代海外华人华侨或具有移民经历的电影导演在主体间性和跨文化语境中充分借鉴着"唐人街"意象的银幕经验，并将其用于对个体生命体验与伦理困境的探讨，从而强调文化差异的在场。电影导演普遍流露的乡愁情结隐藏着对于族裔身份认同的矛盾心理，一方面他们努力融入在地的社群、文化与生活方式，另一方面又努力保有其原生文化的血统，使其主体性的建构往往是不稳定、游移和超载的。而其电影文本中的"唐人街"意象也时常充满间离感，既有文化兼容性的一面，亦有异动力量的一面。

第三章 "叶问"系列：功夫与"我"的唐人街

> 的确，肉身（时空性的）已经处于反抗之中。但是，绝不能把这种反抗理解为返回原初，回到某些古老的或人类学的过去。这个身体牢牢地扎根于此时此地，这是"我们的"身体——它被各种形象所鄙视、所吸收，并且打成碎片。
>
> ——亨利·列斐伏尔《空间的生产》（*La Production de l'espace*, 1974）

除了飘浮在唐人街空间内外游移不定的主体间性影像，许多中国导演（包括中国香港导演）创作的影片明确地将主体放置于唐人街正中。在这些电影中，"唐人街"意象有着鲜明的自我书写风格和主体意识，成为海外华人的"家"的象征。有趣的是，当这种主体书写和类型电影的创作方式相结合，一种独特的（亚）类型电影呈现在观众眼前——功夫电影。

功夫电影作为跨文化交流传播过程中的一种特殊的动作类型电影，其影像内核便是展现中国功夫与中国武术风格的打斗。这些打斗的场所多与"唐人街"意象的空间、生态与人文环境有关。在唐人街的文化表述中，功夫、武馆与拳师（一般被称为"师父/师傅"）向来是一组极为重要的符码与媒介。中国的传统武术、功夫文化及武学的哲理意蕴往往参与构成着唐人街的内在生态与对外传播形态，形成了外界文化理解唐人街生存与生活的一个侧面。武术与功夫，既是部分华裔职业习武者在唐人街生活的一种谋生之道，亦是帮派维持唐人街街道秩序的一种武力手段。在功夫电影中，华人对于唐人街的主导地位和权力体系通过不断被质疑和打破来不断重构，最终铸就充满强力主体地位的"唐人街"意象。

一、叶问与李小龙

2019 年，由香港导演叶伟信执导、动作明星甄子丹主演的影片《叶问4：完结篇》（*Ip Man 4*）上映，作为"叶问"系列的第四部完结篇，为叶问系列故事添加了终章。其故事主线虚构了定居于香港的系列主人公叶问晚年访问美国旧金山的种种遭遇。与前三部曲不同的是，这部作品首次正面塑造了唐人街华裔、华侨，以及故事中在旧金山唐人街内开馆授拳的一众"师傅"，及其所效忠的名为"中华总会"的武术组织。影片叙事相对简单，面对美国当地白人的袭扰，叶问几番出手，以咏春拳保卫了唐人街并捍卫了"中华总会"一众人的民族尊严。

"中华总会"在《叶问4：完结篇》的故事设定上既代表了中华武术文化的海外传承者，亦是代行当地唐人街权力职能的江湖势力——在美华侨的"保护伞"。而由吴樾饰演的"中华总会"会长、太极拳宗师万宗华，对待远自香港而来的叶问的态度从抵制、怀疑和不接纳，到最终的尊重与认同，中间经历了一个自我批判、自我解构的过程。作为外来者的"港人"叶问与作为本地居民的"唐人"万宗华同样在妻子缺席的状况下要各自面对子一代的质疑。而二者亦敌亦友的人物关系形成了《叶问4：完结篇》唐人街叙事的文化内核。

值得一提的是，"叶问"系列的主人公叶问，作为史实人物，正是横跨功夫电影史与功夫文化史互文本的一个焦点与品牌。中国近现代的武术宗师叶问（1893—1972）为咏春拳体系的开宗立派者，但其真正的声誉在于培养了高徒李小龙（Bruce Lee，1940—1973），后者将自身习武的体系与精华融入动作电影当中，创作了轰动西方、引领潮流的若干影片。与李小龙在武术界与电影界双重名声所伴随的，是其英年早逝的生命旅程——他仅仅比其师晚一年离世。其离世的年代，包含着高度激化的政治冷战、大众传媒的兴起、文化东方主义转向等背景因素。基于这种时代背景，李小龙的几部电影或多或少与当时海外华侨的生存境况有关，或者包含着当地华侨与洋人势力之间生存的较量与冲突。如《唐山大兄》（*The Big Boss*，1971）讲了泰国曼谷一家制冰厂工人与作恶的厂方相斗争的故事；《猛龙过江》（*Way of the Dragon*，1972）讲了一位香港青年远赴意大利协助一家华裔餐馆老板对抗歹徒的故事；《龙争虎斗》（*Enter the Dragon*，1973）则设定了一个隐晦而抽象的孤岛空间，在这座孤岛上出现了来自世界各地、各种肤色的武林高手，使其看上去像是一座"地球村"。

在李小龙的功夫电影中，打斗戏码与其故事肌理是高度结构化的。并且与武侠电影将民族英雄置于宏大的时代场景与历史舞台有所不同，现代功夫电影的意图更多地在于塑造平民英雄，或将英雄平民化、生活化和日常化。之后，这成为功夫电影约定俗成的一种模式。这要归功于功夫电影所根植的香港电影工业，因其受到殖民统治的话语意识形态与跨文化的多元特点，使得功夫电影的主题往往立足于都市人的"实际生活问题"。至于李小龙这位悲壮的大众偶像本人，在流行文化序列中产生了持续至今的影响力，并在他逝世半个世纪之后终于成就了"叶问"系列电影的诞生及叶问扮演者甄子丹的走红。从20世纪70年代李小龙的功夫电影到近些年其师父叶问成为电影银幕形象和主题，电影工业仿佛在逆写某种特定的个体生命史。有学者发出这样的感慨："这种逆向的传播方式好像历史就是一部倒叙的现代电影，先告诉了我们故事的结尾再来向我们讲述这个故事的前因。它前半部的主人公是李小龙，后半部的主人公是叶问。我们对历史的认知方式也被这种逆向叙述所改变，电影的文化意义时常在这种时刻变得充满玄机。处于这样一种文化境遇中，我们才真正理解了罗兰·巴特所说的我们生存的世界，是一个时时处处都存在着叙事的世界。"① 叶问一生当中经历了从中华人民共和国成立前的大陆到受到殖民统治时期的香港的转折，而李小龙则是从香港本土出发赴美发展，并大获成功。师徒二人本身的人生经历便蕴含着丰富的华人族裔记忆触感。

二、"殖民统治"与"祖国"

与《叶问4：完结篇》所做的艺术虚构不同，叶问生平从未有赴美的记载，更不用说留下任何与美军军官比武切磋的记录。为何《叶问4：完结篇》要虚构叶问访问美国旧金山唐人街的经历，并一路从唐人街打进美军军营？综观从《叶问》到《叶问3》的"叶问三部曲"，从日本侵华时期的叶问到20世纪50年代赴香港的发迹期，三部曲的文本书写了叶问成年期重要的人生历程，充分展现了他三番五次挺身而出的义举。导演叶伟信所营造的"三部曲"系列结构似乎已经趋于完满和闭合，而《叶问4：完结篇》又让晚年的叶问置身于美国唐人街，看似"多此一举"。因为这一点，人们对《叶问4：完结篇》影片的评价也显得两极分化。

究其原因，从叶问到李小龙的这段历史传奇故事还隐藏着一个人物，即叶问的扮演者甄子丹。甄子丹1963年生于广东，2岁去到香港，11岁移民美国波士顿，其母麦宝婵是太极拳宗师，其父甄云龙是国际性中文报纸

---

① 贾磊磊.血色记忆中的正义暴力：《叶问2：宗师传奇》的动作伦理［J］.当代电影，2010（11）：78-81.

《星岛日报》的波士顿版编辑。二人作为角色原型，分别对应了《叶问4：完结篇》中的"中华总会"会长万宗华和赴美工作的记者"根哥"。1978年，甄子丹回北京入读什刹海体育运动学校学习自由搏击，几年后回美国即获得了当年的武术比赛冠军。可以说甄子丹少年时代的经历几乎是《叶问4：完结篇》中的叶问、万宗华与万若男经历的一个集合。从某种意义上说，《叶问4：完结篇》更像是主演甄子丹想拍，而不是导演叶伟信想拍的"完结篇"，它夹杂了许多甄子丹个人的人生感悟与生命体验，它是甄子丹对叶伟信"叶问"三部曲的一个补足和延伸。

发生在《叶问4：完结篇》中异国他乡的故事，或许能够让一直有着文化对抗心理和情结却又流落于文化边缘世界的主人公叶问真正返回"列强的主场"，在其最顶尖的擂台上（故事中的"美国海军陆战队军营"）与其佼佼者进行一场正面对决，满足了叶问一生当中的最大夙愿，亦满足了甄子丹自童年时代就开始的某种跨国功夫想象。在前三部作品中，叶问与洋人假想敌之间的对决都包含着某种私人层面的无奈和被动，如第一部赴日军驻地为战乱饥荒所裹挟；第二部挑战拳王龙卷风，为民族大义而战；第三部为儿子上学的学校出头，以及为自身的师承关系正名。但到了第四部，叶问虽为争取儿子留美的推荐信而访美，却最终阴差阳错与素未谋面的斯科特·阿金斯饰演的海军陆战队军官巴顿进行公开对决，完全从私人行为跨越到一种民族话语下的公共政治——他替唐人街内的华人居民打抱不平纯粹是因为侠义的性格，而不是为了解决某些实际问题。

《叶问4：完结篇》中融合了甄子丹的个人记忆，但仍然延续了前三部的家庭伦理、家园叙事与家族观念。通过观看影片我们知道，虽然叶问怀揣着为子谋学的目的介入唐人街的事务，但他的本意并非实现与"中华总会"万宗华的利益互换。二者化干戈为玉帛，是一种观念与道义上的互认，故事中的万宗华、万若男乃至李小龙等人日常遭遇的实际问题仍然存在。而甄子丹所做的，便是将整部系列电影的家园叙事逐渐化入细致的微观层面。影片花费不少篇幅去刻画叶问往家中打国际长途电话的场景，以及万宗华与万若男紧张的父女关系，其意图就在于将唐人街的故事、叶问的人生传记与甄子丹的个人经历构成一种同构的所指和互文的指涉，进而建构一个带着浓厚家族记忆和民族认同感的"唐人街"意象。

三、打倒"列强"

"叶问"系列的情节模式是：淡出江湖的叶问因某种机缘被卷入某个邪恶的外国霸权势力的阴谋当中，如第一部的侵华日军，第二部的英国拳王龙卷风，第三部的外国地产商费兰奇，到了第四部则是美国海军陆战队。这些人或势力看上去十分符合一般的中国观众对"洋人"的刻板认知。叶问选择联合各方友好势力，这个联合的过程虽然经历了情节上的一波三折，但殊途同归。如第一部的日军翻译李钊，第二部的金山找、宗师洪震南、报社根哥、肥波警长，第三部的小学老师和张天志；到了第四部，"友好势力"包括万宗华、罗师傅、李小龙、赫文等在美华裔习武者。尽管叶问的义举总能获得支持，但最终解决问题的方式并不是政治说教，而依然是拳脚打斗（这是动作电影的核心）。

叶问以"一个打十个"（源自第一部）的无敌武打能力征服着每一个强敌，屡屡制造"中国人痛打洋鬼子"的高潮戏。叶问凭借个人的功夫造诣一次次证明、完善着中华武术的文化正当性。其正当性并不在于合理的逻辑体系，而在于拥有比西方武者更强的身体力量感与超然的内心境界。这种情节的本意无疑在于象征性地图解和释放民族集体激情，它与中华文明近现代某些特定的民族屈辱历史、殖民叙事与创伤体验相联系。

唐人街的社会文化史亦提供了另一套被压迫者的话语，早期在美华人遭遇的同样是来自宗主国的强权、暴力与等级制。在《叶问4：完结篇》

后半段，创作者借刚刚被移民局查抄而躲藏的"中华总会"众师傅之口道出一二：大多师傅及其父辈都有被美国当地执法者欺压的经历和记忆，执法者秉持一种文化与民族歧视的态度在人为地制造不公正。并且，台词还点出了早期在美华工的某些遭遇。而曾亲历日军侵华战争与 20 世纪 50 年代英占香港时期恶劣生态的叶问对此产生了共鸣与同情，这种同理心进一步超越和化解了影片起初叶问与万宗华之间的武术理念对立。

对于观众来说，唐人街华裔遭到不公正对待的屈辱史与自身所经历的近现代中华民族被侵略、被压迫的屈辱史有相通之处，他们同样要面对的是帝国主义与文化霸权主义。侵略似乎等同于压迫。换句话说，叶问作为历史真实人物的传记式经历与美国唐人街的宏观历史获得了交叠。真正有所区别的是，唐人街上的华裔所遭受到的压迫并不能称为"侵略"。作为美国城市发展史的一部分，唐人街的变化代代融汇着美国的历史、文化和价值观，包括西方先进的人文理念（这也是叶问意图将儿子送到美国留学的起因）。在美华裔不得不更努力地迎合白人统治者的游戏规则。也即，叶问的"隐忍"是有底线的，万宗华、赫文等人的"隐忍"却是无限绵延的。赫文为推行在军队开展咏春拳训练不惜与上司巴顿闹翻，本质上也是对美军有所贡献。当然，这种细微的区别显然有意被影片和观众共同忽略。唐人街华裔身处白人文化中心圈子的那种边缘感与屈辱感，被影片置换为中华民族主体被侵略的历史隐喻，这正是《叶问 4：完结篇》制造"唐人街"意象的微妙之处。

四、二元"擂台"

其实，东方 / 西方的对立在《叶问 4：完结篇》的文本表述中并不绝对，但是"二元对立"这一思维方式却是一以贯之的。较之第一部中侵华日军普遍的恶人嘴脸，《叶问4：完结篇》中出现了不少西方亲中人士和中间派，包括李小龙的徒弟、那位黑人小哥，以及因万若男下跪而有所触动的移民局官员等。并且颇具反讽意味的是，第四部的大反派巴顿及其犬牙哥连作为高傲的白人鄙夷、蔑视中华武术的实用性本无可厚非，但他们二人所奉行、推崇的，以及努力向军队内部灌输的竟是同样来自东方的日本空手道，其背后的日本武术理念其实早在第一部便遭到了叶问的质疑：日本武术缺乏中华武术的"武德"与"仁"。

在第一部当中，同样是空手道高手的日军三浦将军在武德与武艺上双重败北于当打之年的叶问。而将这种质疑和批判与第四部的空手道元素结合起来看，其潜台词便是：纵然是赫文、万宗华先后败给军官巴顿，但他们二人的武德也远高于后者。而后者早已被美国军队文化调教为杀戮机器，其与赫文、万宗华等人的冲突，除了包含人种、族裔的因素，更多的还是来自现代技术文明对人所造成的异化效应。

《叶问4：完结篇》在这里不仅设置了诸多文化对立的二元结构，涉及西方与东方、现代与传统、身体与技术、德性与野心等，还将主人公总是置于二元结构当中的某一端，将反派一众人置于另一端。叶问谋求的是以德服人、以武会友，是道义的胜利，而不只是击败对手或解决困难。其拳脚功夫的施展是为了一种文化博弈，而不是看武艺孰优孰劣。可以看出，影片所要建构的那个东方 / 中华主体是极端排他的，即"道不同，不相为谋"，这种对于异化过于敏感的抵制体现出唐人街主体本身的不稳定性。虽然影片巧妙地将唐人街华人受压迫的情感与中国近现代屈辱史相联系，但无法回避唐人街本身是在海外的一块中国飞地这样的事实。因此，为了尽可能地让唐人街的合法性地位成立，任何与"唐人街"意象不符的特质都势必被抵制。

受制于二元对立的思维，影片中"唐人街"的视觉设计略显单薄。在叶问初到美国拜访"中华总会"时，万宗华为李小龙向白人传播中华武术之事与叶问起矛盾，二人借饭桌转盘比试寸劲，竟引发玻璃转盘爆裂。后来，叶问因帮助万宗华女儿万若男出头而被其引荐回家，因万宗华以推荐信威胁，两位武术宗师再次大打出手，圆桌成为二人比武的临时擂台。这场比武也因地震突然发生，二人躲于圆桌底下而不了了之。类似的设计早在《叶问2：宗师传奇》中已有所表现：叶问为了获得开武馆的资格向由洪金宝饰演的"洪拳"宗师洪震南发起挑战，二人同样在圆桌与倒置的圆凳堆叠组成的擂台上比武，最后以圆桌断裂为两半而告终。

关于街景，从《叶问》到《叶问4：完结篇》，广东佛山、香港与美国旧金山城市街道的物质性差异被擦除，其不同时间的年代感指涉也被擦除。影片试图打造的"唐人街"意象是一种消除了时空能指的想象式边缘世界，在这个边缘世界中只留下殖民者的强权与唐人街华人的弱势。

所有对秩序的刻画最终指向功夫电影中永恒存在的擂台。《叶问4：完结篇》中有关唐人街的重头戏是"中秋晚会"舞台。当然，除了节目与观众的配置，这个后来作为美军踢馆的混战擂台，实际上和前几部作品中不同形态的擂台没有本质区别，和中秋元素是无关的。

第一部的日本将军三浦有意将最终决战的擂台放在了佛山武术街的中心广场，围观的中国民众却最终一哄而上；第二部的英国拳王龙卷风在拳击擂台上耀武扬威，坐在台下的英国贵族观众却最终为叶问的言行而起立鼓掌；在第三部中，地产商费兰奇以闹钟设置了一个"三分钟擂台"，因叶问达到了时限，费兰奇兑现了他的承诺。这里各式各样的擂台空间"无疑是对'看'的最有效的组织"[1]。它本质上是为了设定一个武打者与观众之间有关看与被看的视觉结构，武术之争的背后是以武为名的文化仪式及其表演，是对坐在擂台下的"在场观众"、也是间接地对银幕前的电影观众的一种价值灌输。

---

① 唐宏峰.叶问故事：被观看与被化解的民族激情［J］.北京电影学院学报，2010（5）：99-102.

五、"羸弱"与"自我"

影片颇值得深思的一处细节，是居住于"唐人街"的众师傅的外在形象，与主人公叶问的气质形象存在着微妙的差异：甄子丹的表演策略是将叶问的形象演绎得尽可能儒雅而低调，这不仅反映在甄子丹在打戏上尽可能维持着咏春拳的秀气特点，而且在身体呈现层面刻意强化着叶问略显羸弱的身材。

据称甄子丹为了拍"叶问"系列而减肥，"甄子丹的脸给观众带来的某种'冷感'与'紧张感'"[①]，及其"面部生动性的缺乏"[②]，这一本不具有观众亲和力的面部特征，却恰恰造就了叶问这一人物特殊的气质形象。叶问的身材与其对手往往形成了鲜明的反差。龙卷风、费兰奇、巴顿等人的身材凸显着西方人种的强壮优势，也传达了一种富含侵略性与暴力色彩的负面形象特点，这反衬了叶问谋求以德服人、以武会友、不计较得失的功夫逻辑。而同样地，以万宗华为首的"中华总会"一众师傅，包括那位名为蒋师傅的女性拳师，其气质形象介于叶问与其对手之间，是两个极端的中间产物。与儒雅谦逊的叶问不同，唐人街上的师傅们尽可能地保持一种凌厉风格。

叶问初见万宗华时，由罗师傅引荐在场师傅。他们的目光和表情中普遍透露着凶险与城府，气势咄咄逼人，其陌生感与对待叶问不友好的态度，远远超过第二部中在香港本土开武馆的师傅们。进一步解读，这种强权感与陌生感或许源自其身处的文化土壤，是后天习得，而非出自族裔血缘。它与影片后文首次展示美国海军陆战队军营时的凶险气氛可以形成参

---

① 陈晓云.功夫明星：从《卧虎藏龙》到《一代宗师》[J].电影艺术，2017（5）：21-25.
② 陈晓云.功夫明星：从《卧虎藏龙》到《一代宗师》[J].电影艺术，2017（5）：21-25.

照，有异曲同工之妙。同样的细节也见于李小龙的外在形象上。在李小龙积极应对街头挑战的那场戏中，李小龙应对突发状况显得游刃有余，他对师父叶问表示这是常有的事，便带领自己的洋人徒弟们出门应战。而经历过大风大浪（比如曾被北方拳师金山率众上门踢馆）的叶问反倒像个局外人，他留在快餐店内，（与快餐店的服务员一同）透过玻璃窗好奇地观看徒弟的实战，显示出他与李小龙早已产生的代际与文化隔阂。影片在这一桥段所传达的意味是十分丰富的。出身香港的李小龙因赴美若干年，便沾染了一股"唐人街"习气并娴熟地适应了恶劣的生存环境，师徒二人微妙的关系传递了一种文化在地性。

"被阉割的"华人男性是自陈查理时代遗传下来的中国形象。陈查理作为"模范少数族裔"，一度成为美国大众文化中定型化的主导华人形象，他温柔诚恳，大腹便便，缺乏男子气概，是从属性的、边缘性的典型形象。自此，华人男性在好莱坞文化中就被定型为阴柔的、更具女子气质的形象。"叶问"系列在创造充满主体意识的"唐人街"意象的同时，不可避免地将这种阴柔的男性形象带入，杂糅成了叶问的人物形象气质。

如果说叶问的阴柔气质也可以被理解为某种符合中国传统道德的儒雅，那么其在饮食上的毫无生机则将"叶师傅"访美后的特性表露无遗。吃、饥饿与饮食的哲学在前作中得到了有力展现，但在《叶问4：完结篇》的唐人街段落中，真正得到延续的却是有关吃的反题。在第一部叶问首次亮相的段落，叶问便颇具风度地邀请登门比武的廖师傅用膳。后来，侵华日军设定"打赢一场换取一袋大米"的游戏规则，廖师傅"为五斗米而折腰"，随后日军出尔反尔，枪毙了已连赢数场的廖师傅。可以说廖师傅这个人物以吃开始，也以吃结束。目睹廖师傅之死的叶问对日军表示了强烈的愤慨，方才向三浦要求"打十个"。在打赢十个日本兵之后，叶问拒绝了三浦的赏赐，却带走了廖师傅生前挣得的染血大米，将它交还给其家人。大米不仅体现了一种战乱情境下个体生存的辛酸，而且还佐证了叶问做人的高风亮节。无独有偶，在第二部中，鱼档成为叶问解救徒弟黄梁的打斗现场，开鱼刀被用作群殴的兵器，十分富有生活气息与戏谑趣味……

然而《叶问4：完结篇》"中华总会"的饭桌却空无一物，转盘上唯有那部引发众人猜忌的李小龙武术著作。从初亮相直至中秋晚会，叶问像是不食人间烟火，骨子里透出精英气息。唐人街上的"叶师傅"，与一直为生活所迫、颇为"接地气"的叶问形成一种对比。

基于这个角度，叶问的访美之旅可以被看作一种精神分析式的文化寻根、身份寻找之旅。从文化分析的角度看，《叶问4：完结篇》里的叶问是一个超脱了的孤独个体，但当他反身于世俗事务时，却彰显了自身的无能为力。出身唐人街的万宗华也是如此。二者构成了《叶问4：完结篇》隐隐的悲剧色彩。其实导演叶伟信早从系列第一部伊始，便在主线叙事段落中为叶问的英雄叙事混杂了一些含义暧昧的"反英雄"场景。例如刚刚以一挑十打赢日本兵的叶问在回家路上，本应扬眉吐气或精神抖擞，却不得不为日本军用卡车让路。在这段表演里，甄子丹传达的是神情恍惚，与他先前在日军武馆里的气势形成了巨大反差。第二部前半段叶问不得不面对房东太太催交房租、徒弟交不起学费等生活窘迫。尽管叶问在街坊邻居当中的知名度很高，路人迎面都会喊他一声"叶师傅"，但世俗生活对他来说依然是一种重担。乃至第四部，叶问给儿子打的国际长途电话，遭到儿子的拒听，都要被一旁的肥波警长强调一句"长途电话费很贵"。作为在美华侨历史亲历者的甄子丹，以表演叶问的方式对故事中的万宗华表示了一种认同和理解。尽管游离于一般世俗事务之外的会长万宗华，随手一封推荐信便能（甚至比李小龙的"律师徒弟"都有效）为叶问之子做担保，但其本质上是一种要面子与端着架子的保守心理，这种故作超脱的姿态与其后他在移民局、美国海军陆战队军营的遭遇形成了一种悖谬、荒诞的对照：虽然他早已解决生活刚需（其房屋内饰的布置堪比第一部影片开头叶问的豪宅），却仍无法摆脱在美屈居"二等公民"的社会地位。对此，甄子丹／

叶问表示了高度共鸣和理解。这亦是影片通过"唐人街"意象来表达某种文化不可调和性和矛盾性之处：对唐人街街区的命名往往意味着一种潜在的种族隔离，这种隔离即便不是外界使然，也很可能源自华裔群体内部，即一种自我命名、自我隔离（或曰"闭关锁国"）和自我贬抑的主体弱化倾向。

当然，影片传达这一点并非在强调真实的在美华裔一味秉持此种心理，而是为了满足一种特定的叙事和情结。万宗华那种隐忍、排外的文化倾向与心理焦虑，本质上和前作当中的叶问、洪震南等人并无区别——即使这两种人格倾向的社会语境不完全相同。万宗华身处"他乡"，为的是"异客"，固守的是一种遥远且陌生的华人民族观念；洪震南、叶问这些人毕竟是本土客，以本地文化自居，比起万宗华多了一份文化自信。

影片全系列似乎总绕不开一个文化主题或文化症候，到了《叶问4：完结篇》借唐人街的桥段终于讲出：一个逐渐走向文化自信的民族主体，既想要超越西方中心主义为这个民族主体所设定的他者特征（"他性"），又要刻意保持这种他性，以此来证明自身的功能和价值，以至于这个民族主体注定是充满主体间性式的焦虑感和不完满感的。对于民族精神、气节与哲理意蕴的刻意强调，其实恰恰又掉入了西方中心论所设置的他者话语当中。在这个导致文化症候的逻辑怪圈当中，对"东亚病夫"命名的反诘，实际上恰恰又造成了对"东亚病夫"命名的某种肯定。

例如，叶问赶赴美军海军陆战队军营，当着一众美军官兵的面与军官巴顿上演对决，这点遭到许多批评者的非议。因为无论胜败，他不仅仅是成就了自己，实际上也因展现了中华武术而成就了对手——影片结尾字幕提到，此后美军引进了中华武术作为格斗训练。而这根本无助于解决唐人街华人的生存困境。在这个意义上，甄子丹/叶问对万宗华谋求的是一种象征式的认同。甄子丹虽然拥有唐人街的生活经历，但因万宗华等人过于符号化的呈现，其认同本质上只是一种"唐人街"意象上的认同，并没有真正触及唐人街现实中的状况，或者"唐人"们面对的根本问题。

不过，与万宗华符号化呈现的薄弱感不同，其女万若男作为"唐二代"的戏码可谓丰硕，更具有纪实性与日常生活的美学价值。她在学校遭遇歧视，竟反讥对方也是"外来者"；她对恶霸挑衅的反抗，与李小龙在快餐店的应战类似，既捍卫了个人骨气与尊严，又透露出因它是"司空见惯"的琐事而保持的轻松心态。在叶问见义勇为之后，乘公共汽车回家途中的万若男关心的竟是发型，大胆请求"叔叔"叶问帮助剪发。另一场戏是，万若男伪造了父亲万宗华的手迹替叶问开出推荐信，第一时间找上门报喜，却遭到叶问的拒绝和数落。几场戏构造了一组跨国别、跨文化语境的日常父女伦理，显得诙谐而生动。因目睹万宗华与万若男紧张的父女关系，以及万若男亲切、随和的态度，叶问方开始反思自身的父子关系。需要注意的是，《叶问4：完结篇》中父子人伦的叙事与功夫之争并不完全一致，尽管二者都牵扯到唐人街，并最终敦促万宗华改变对待叶问的态度，但真正能使观众产生共鸣的或许是人物的伦理心理。而"中国人痛打洋鬼子"的套路更像是中国电影工业与特定观众群体之间的某种文化默契与惯例，难以为更广泛的电影观众所识别。关于海外华人形象和"唐人街"意象的家庭化叙述，《叶问4：完结篇》在细节上的处理比起其功夫／民族理念的冲突可以使人获得更多启发。

总而言之，"叶问"系列的叙事并不单纯地聚焦于功夫本身，也无意过度开发功夫片的影像潜质与视觉美学，《叶问4：完结篇》作为完结篇更多的在"唐人街"意象中融入的是个体经验与日常叙事。前三部曲更多关注的是特定文化叙事与历史事件下的民族集体记忆与民族激情，制造怀旧情绪与复古审美。而《叶问4：完结篇》则又似乎想尝试建构一种指向历史的唐人街微观叙事，以此来表述在美华裔的生存困境，来迎合功夫电影一贯的类型性。但与此同时，因叶问、李小龙、甄子丹等人的叙事交汇于《叶问4：完结篇》的"唐人街"意象，使其比起前三部曲更具电影叙事的魅力。叶问与李小龙的师徒关系、叶问与其子叶正的家庭人伦关系、叶问与万宗华的"同根生"关系、叶问与万若男的"忘年交"关系、叶问与几位洋人劲敌的冲突关系，都很好地被影片所传达。不过，影片中作为叙事主体的唐人街线索似乎既是在激励观众，弘扬中华武术文化及民族自信，又是在做一种悲剧式的忧思：即便今时今日，国力日益强大的中国虽已大大提升了国际地位和影响力，但在某种层面上，如何以强者的文化姿态和自信的民族心理面对复杂而残酷的世界格局，诸如这种问题仍需持续关注和解决。

第四章 《喜福会》：从杂货铺到纪念碑

> 他躺在床上，从窗口望出去，看到参差不齐的屋顶和艾尔高架铁轨上飞驰的火车，他想到他到达纽约的第一夜。纽约市教给他不少东西；现在他长大了，展现在他面前的，是另一个努力的机会。
>
> ——林语堂《唐人街》(*Chinatown Family*，1936)

当我们用"唐人街"来命名我们在电影上看到的那些红色的牌楼或者华人聚集区时，内心投射的其实是对于真正存在的那些具有历史和时代色彩的某个城市地理空间。因此，如果承认一种理想化的"唐人街"是具有某种明显视觉表象的城市景观，那么对于"唐人街"意象的书写离不开一定的空间建构。通过影像实践，电影在观众心目中建构或者重新建构一个名为"唐人街"的空间。这种建构可以是唐人街之外的，比如城市空间和街道的关系，也可能仅仅局限于唐人街内部，比如某个华人的公寓住所。没必要怀疑"建构"时的表现主义成分，这一点从世界各地纷繁复杂的华人聚集区样貌在电影中却展现得如此一致就可见一斑。更重要的是，作为景观的三维空间仅仅存在于记忆和想象之中；电影画框的遮蔽使得唐人街的空间表象和其意象所指并不是那么明确。不同的空间形态可以建构不同的"唐人街"意象，因为究其本质，电影所建构的空间是一种由二维平面形成的空间幻觉，是一种想象的产物。① 因此，这里的空间建构不仅仅是纯粹的地理空间，同时指涉着"唐人街"意象在文化上的空间扩张。通过命名一种空间意象，唐人街可以成为某种文化记忆的承载场所，或者其他历史性目的的传承手段。《喜福会》（*The Joy Luck Club*，1993）通过碎片化的"唐人街"意象建立起美国和故土东方之间的联系，并将唐人街空间理解为浮岛中间的跳板与浮岛本身。这种嵌套创作在空间实践中成为闭环的文化记忆的典型呈现。

资本主义使得空间成为生产和再生产的对象，而不仅仅是场所。因此，空间的叠加或者升级并不仅依赖于航海时代以来的历史发展加速度，更与在此空间之上的生产力和生产关系相联系。美国城市规划理论家凯文·林奇用"超空间"去形容现代都市的复杂空间特征，并且呼吁增加现代都市的"可意象性"——"有形物体中蕴含的、对于任何观察者都很有可能唤起强烈意象的特征"②。这些观点被詹明信或多或少地继承，成为他有关"认知图绘"的想法来源之一。然而在影像中，可意象性的符号被随意拼贴，最终服务于接近内爆的"唐人街"意象中。符号的密集和杂糅似乎也产生了一种张力，暗示着喷薄而出的生产力。按照段义孚（Yi-Fu Tuan）有关"空间"和"地方"的分类，被命名了的"唐人街"首先是一个"地方"，一个提起它就会有明确想象的场所和具体的、带有生活印记（哪怕是假想的）及气味的符号。人们深深眷恋的地方并不一定是可见的。然而，可以通过许多方式让一个地方可见，比如通过"与其他地方竞争或者发生冲突，在视觉上制造突出之处"③。在《喜福会》中，通过两代母女的对比以及对于"故乡"的无限想象，作为饱含思念的地方的唐人街和曾经的中国故土是异质同构的——她们是两代人的文化记忆。在这里，再一次看出电影中的

---

① 陈晓云.电影城市：中国电影与城市文化（1990—2007年）[M].北京：中国电影出版社，2008：30.

② 林奇.城市意象 [M].方益萍，何晓军，译.北京：华夏出版社，2011：7.

③ 段义孚.空间与地方：经验的视角 [M].王志标，译.北京：中国人民大学出版社，2017：147.

"唐人街"意象并不仅仅属于唐人街这个具体城市景观的艺术加工，它超越所指涉的对象而成为特殊的能指。

一、生产与生活

在逼仄狭小的唐人街街巷内，随处可见底商的店主在店铺阁楼安家的情况。这种海外华人特殊的生产生活方式被影像呈现为一种私人关系的公开。因为华人"天然地根据家庭、群体和职业聚集在一起"，因此街坊之间的串通都是必然的。对于这种"家庭式的小生意"，究竟是将公共空间的延伸作为家的空间，还是将家的延伸发展为生产空间，可能在社会学层面上有不同含义。但在影像中，生活空间的延伸反映出的亦是人物性格特征，这就无异于将人物置于更复杂的空间中考察，将生活空间延展至与公共空间交叠的灰色地带。对于广义的中国人而言，"家庭作坊"是其在记忆深处被根植的生活方式和空间利用办法。当第一批商品房的图纸进入中国老百姓的视野，我们惊异地发现自己的过往经验中并没有对于"起居室"的标注和理解。一家人各自拥有独立卧室但共用起居室的生活方式是更"西方"的。但是"唐人街"试图保留一些差异化和不确定性，使它看起来和自己的民族国家——中国有一定联系。

事实上，在华人移民北美的初期，后来以"唐人街"闻名的那些街区主要还不是华人的居住区，唐人街还主要是相应街区的商贸和服务业中心[①]。但是随着《排华法案》的实施和华人社会的向内收缩，越来越多的在美华人只得居住在唐人街，使那里成为劳务招募等经济生活节点的同时，亦产生了庙宇和其他娱乐场所。这种生产和生活空间的混杂虽然源于特定

---

① 孔飞力.他者中的华人：中国近现代移民史［M］.李明欢，译.南京：江苏人民出版社，2016：207.

的社会历史条件，却使得"唐人街"意象在空间建构上拥有了更为复杂的内涵。生产空间在这里是第一性的，因此私人空间不得不被消灭，从而引申出居住者与唐人街——这个集体空间之间必然的联系。也因此，"唐人街"意象中的空间问题，不仅仅是某个空间的复杂套层，而是空间和人之间关系的读解。或者说，将"唐人街"意象理解为一种集体记忆，不仅是从当下影像阅读的视角，更是从曾经历史书写的视角出发。随着（历史中的）社会现实与生活困顿、人们对于塑造一种"家乡的"空间的美好愿望和打破界限进入"上流社会"的残存愿景不断交织，在这里，"唐人街"意象的建构和华人形象、中国文化符号形象等问题相连，严密地结构了一种文化空间：它既区别于所谓空间的实践（列斐伏尔语），又因为影像的相互复制和繁衍正在形成某种实践。从 20 世纪后期在电影中出现和"唐人街"有关的话题和景象开始，关于"唐人街"的影像实践就从未停歇。有时候，它以非常明确的方式对离散文学进行视觉化阐释；有时候，它隐藏在一切对于"他者"的想象之中。但通常来说，这种影像的实践摒弃了地理学上唐人街那种杂货铺化的空间形态，尽量避免承认唐人街上生产与生活的一致性，而致力于突出有关"生活"的那部分。因为单纯的生产劳动无关族裔身份的表达，所以当唐人街上必须出现生产时，具有东方符号的货品贩卖、浆洗缝补、特色餐馆或者按摩店成为主流。这种表现方式使得"唐人街"意象空间无限趋近于一种想象性空间——对于人，而不是对于空间实在的想象。

茶馆是对于唐人街而言较好反映出东方气质的生产空间。在《黑客帝国 2：重装上阵》（The Matrix Reloaded，2003）中，主人公尼奥从熙熙攘攘的街道闪身进入中国茶馆，在进行了功夫较量后方被请上楼、进入长者的私人空间。和饭店相比，茶馆看起来更不像是服务业场所，因其东方元素而产生的神秘感被呈现为安静无人的特异空间 / 他性空间（other spaces）。作为全球化时代乌托邦主题或科幻故事的特殊场景表征，他性空间似乎应当是神秘而"未曾见过的"，就像"黑客帝国"系列中母体所在的地方。然而，通过东方元素达到这一目标也未尝不可，尤其是茶馆并不是真正的母体所在，而是通往母体的必经之路。在这里，茶馆作为东西方文明交流场域的意义被充分凸显。尼奥需要通过饮茶、功夫等层层考核，将自身从一个被幻象包裹的普通人逐渐净化为可以接入母体的纯粹的人；正如华人从祠堂到家，到家门口的中国商店，再到整条唐人街，通过层层"灰色地带"的缓冲和洗涤，走入西方都市社区和白人相遇。

对于生产空间的生活化或者他性化表述的背后，是"唐人街"实际上并不真正占有生产资料这一残酷现实的影像化畸变。从城市建设的角度来讲，空间首先并非关于文化或怀旧，而是关于生产力和资本流转。围绕土地，资产阶级在区域地理的设计上尽可能占有并规划土地的未来——作为生产资料的土地而非定居或者诗意生活。从这个角度看，电影中的"唐人街"空间并不能具有任何生产能力，也因此并不占有这片土地。外来者的视角和对于空间的呈现方式决定了"唐人街"是不事生产的，以至于《喜福会》中四个华人家庭"父一辈"的工作性质和收入来源都几不可考。即使是唐人街内部的小规模商业行为，看上去也更像是友人之间的馈赠游戏而非"认真的"生产实践。然而，家庭作为生活空间又是确凿无疑的。在这里，"唐人街"意象丰满了银幕，各色具有东方风格和乡愁气质的元素萦绕其间，致力于建构一个真正的家园。对于生活的无限依恋和对于生产的本能回避，使得"唐人街"意象增加了些无产阶级属性，从根本上拒斥了"国中之国"的可能性。然而《喜福会》中的家庭并不是失去了生产资料的流民：通过回忆和代际传承，年轻女性终于意识到了自己的生产资料远在东方故乡。这是女主人公君最后回到上海的潜文本，也是对于"唐人街"并不占有生产资料的再一次肯定。中国人，无论是在唐人街的，还是离开唐人街的，最终都需要踏上故土才能爆发出真正的生产力，自由地劳动和选择。

二、故土与儿时

王颖执导的《喜福会》作为海外华人导演的经典作品,其中的"唐人街"意象空间具有一定的代表性。影片精细地描绘了四个华人家庭在美国的日常生活和代际相处的矛盾冲突,并且勾勒出典型的海外华人家庭空间。作为唐人街最小的单元——家庭,其内部空间的影像呈现交织着各种符号化的表达和意识形态关系。《喜福会》试图通过家庭内部的温情和代际理解来弱化唐人街空间在城市建构上的受压迫性,并将唐人街空间与中国这一想象性的故乡进行空间地理学上的连接。

在漫长的画外音讲述后,影片的第一个画面便通过跟拍主人公的长镜头运动交代了这个家庭场景的简要结构:在门厅处交际的年轻女孩用英语彼此问好;中厅的角落处,中年华人男性用中文谈论生意;一群不同族裔的男女老少围坐在电视机前看球赛,为同一支不知名的球队呐喊;客厅深处的厨房摆满了中式砂锅和传统案板,几名年老的妇女在这里讨论当日的菜肴。在这个复杂的空间中,语言的国籍是杂糅的,不同种族的人们互相交叉,但是装饰清晰可见地指向了空间的区域化——客厅清一色的美食简易家具与厨房(以及旁边的麻将桌)空间的中式挂画形成鲜明对比。这是一个深处房间内部的屋子,一个私密到可以喝茶而不是端起酒杯的地方。然而在这里,打麻将的妇人们一旦激动地用中文自言自语,立刻会遭到只懂英文的年轻华裔女生的嗔怪。在这里,语言的在场仿佛是一种"习俗"之下的自我约束,对于英语权力的认同以交流为名蔓延:父辈们为了让在美国出生的子女习惯而尽量说英语,即便是他们相互之间也不例外。

过于丰满的长镜头不仅展示了整个房屋的内部结构,也通过声音的补充让这个空间的内部变得紧密起来——这并非一个卧室、书房、厨房和起居室有明确分野的房子，它似乎一半被当作某个家庭的住处，一半又被用于一种半永久式的小范围聚会场所。当美国人所习惯的在家开派对与唐人街相结合，常来常往的老妇人们更愿意相信这里是一种特殊的麻将馆，所以热情地招呼君——这间屋子真正的女主人。因为她们才是"麻将馆"的"常客"而要照顾新来的。这间屋子的另一个主人公——君的父亲，同样未能出现在客厅正中间，他躲在某个角落等待女儿回来，完全把家庭空间的权力让渡给聚会。这种反客为主的人物关系再一次将空间的生活属性混杂化，让"室内"成为一个充斥着"华人"组织的稳定体：一种杂货铺式的工作／生活／娱乐混淆地。

与此相对，当我们将目光聚焦于"唐人街"意象中的空间结构时则会发现，《喜福会》并没有什么典型的街道影像。换言之，整部影片有关美国部分的叙事空间绝大多数依赖于室内空间，而鲜少出现街景。吊诡的是，当影片通过回忆闪回到 20 世纪 40 年代的中国，无论是林多阿姨儿时生活的村庄还是莺莺阿姨逃离的都市，更为广阔宏大的景观总是带来生活气息。按照柯布西耶现代主义的建筑思想，住宅是工具，而空间是实现社会改造的强有力手段[①]。因此，"喜福会"中的母亲和女儿们生活的大别墅是她们在异国他乡的"根据地"，无论是客厅中的西式家具还是家居深处的中式麻将桌，都用来保持并彰显居住者自身的生活主张。然而，这些"主张"从不包括对家庭空间之外的改造，似乎到了家门之外就直接进入了另一个家庭，可以忽略中间的街巷。换句话说，对于《喜福会》中的单个家庭而言，她们的生活与回忆空间分为两个部分：曾经的回忆，以及现在的生活空间。代际的区别在于，对于四位老人而言，曾经的回忆是中国大陆的广阔天地，而现在则蜗居于美国唐人街中某个公寓住宅；而对于以君为代表的"女儿一代"来说，儿时就已经来到唐人街的家中，现在则在唐人街以外的地方

---

① 柯布西耶.走向新建筑［M］.陈志华，译.西安：陕西师范大学出版社，2004：201-202.

独立生活。

在海德格尔看来，人的栖居不能被给予，栖居来自存在本身的彰显。"根据这个场所，一个空间由之而得以被设置起来的那些场地和道路得到了规定"①，所以在战火纷争的重庆奔走的人们都得以栖居，而到了美国后的中国家庭都只能瑟缩在室内空间中。一个典型的美国户外空间来自女主人公君阅读家人的来信。她处在一个难以辨别方位、似乎并无不同的草坪上。后景中，一些美国孩子和他们的家长似乎在做活动。正在合影的孩子们占据着这片草坪的主要部分，作为一次特殊经历的"留念"。但是这片草坪对于君而言并无任何意义。人们在地图上通过标识划定属于自己的或者不属于自己的区域。对于没有标识的地方，因陌生而带来的恐惧对所有人来说都是相似的。这个草坪对于君而言真正的意义或许是让那些"中西合璧"的客厅不至于显得坐落在荒岛上。但从本质来说，真正允许这些华人女性生活的唐人街其实并不包括一个完整的街巷空间，它仅仅是一扇又一扇门之后的私人空间。

有趣的是，在"移民文学"中常常表现出的海外华人代际矛盾虽然在《喜福会》中同样存在，但冲突行动从来不包括真正意义上的"出走"。虽然从叙事上，"女儿一代"如今的生活已经离开了唐人街，但是由于街巷这一概念本身被解构，这些拥有共同记忆和文化认同的华人家庭空间被缝合在一起，共同组成一个空间上并不紧凑的"唐人街"意象。可以发现，由于每一个室内空间都是独立存在的，很难从电影中辨认出四位年轻女性的居所距离她们的母亲和原初的唐人街街巷究竟有多远。哪怕是和非华裔结合的年轻女性，他们的居所之外也并没有真正的街巷。影片回避了街道和社区这些城市的重要组成部分对于唐人街内外的差异性，也将每个家庭塑造为理想化的可以同日而语的碎片。我们对于自己生活过的空间的回忆

① 海德格尔，孙周兴.海德格尔选集：下［M］.上海：生活·读书·新知上海三联书店，1996：1188-1204.

和抽象化想象不总是"由内而外"的；一个人可能非常熟悉自己的家庭结构，但对于家庭所在的社区一无所知，然后跳出这一层级，又对更广义上的"国家"或者"城市"有一定的概念。《喜福会》利用街道空间的匮乏将这种现象视觉化的同时暗示了社区或街道之外的统一的国家——想象中的故乡中国。

三、出走与回归

唯一可算是《喜福会》中明显的唐人街街道空间存在于薇薇安的回忆中。彼时薇薇安新获象棋比赛的冠军，薇薇安的母亲手拿封面为薇薇安照片的杂志向唐人街中出现的每一位亲戚朋友炫耀女儿。笔直而人满为患的街道上，并未出现典型的中国文化装饰，就连小商铺的招牌也多是中英双语。然而这个空间并不具有社区沟通内外的现实功能，也就更像是个室外的另类家庭空间。在这一组镜头中，空间流动是不存在的。

薇薇安在数次"被炫耀"后终于爆发，和母亲发生冲突后，毅然决然地向街口跑去。镜头并没有随着她的移动发生镜头运动，街外的景致对这个场景来说是迷茫不清，或者说无关紧要的。事实上，在整部影片中，一种从唐人街流动到城市其他街区的镜头从未出现，就像是在两个场景中取景而拼凑而成的电影。下一个镜头则是薇薇安返回家中，她的母亲并未出门迎接，反而视作平常。整个叙事空间在这里并非通过街口向外，对于这个华人家庭而言，回归是必然的。从这个角度上说，《喜福会》并不属于典型的都市电影，因为都市电影的叙事空间集中于某城市，而《喜福会》的叙事空间集中在唐人街中的某四个家庭内部，其真正在场的叙事空间是主人公君的家，也正是影片第一个镜头确立出的基本场景。空间之结构并非某城中的某街，再到某街中的某人（很多有关城市中某一族裔聚集区的讲述以此开场，比如《杀手莱昂》中的小意大利街），而是从某家庭中的某人串联彼此。因此，真正属于"唐人街"意象的空间并不是向外的、通向城市或者"外面的世界"的。碎片的孤岛结构使我们无法在观影结束之后画出美国纽约任何一小块地方的地图，就连君家门口的都不行。但是这也就使我们无法将唐人街和中国空间隔离在大洋两岸。影片通过在一定程度上消解街道，使得唐人街空间和城市其他空间的距离变远的同时，和中国的距离却明显缩短。正如影片最后君坐船回到中国一样（坐船的航行细节同样没有展现，就好像城市中没有街道），异国的空间永远向内指向唐人街，而唐人街永远隔空指向中国。

空间的闭合结构源于时间上的绵延。在影片中，四对母女最终均选择和解，女儿们继承了母亲们遗志的同时，也继承了母亲们的故土记忆。换言之，在"唐人街"意象中的地理学空间完全被回忆空间置换，再经由家庭完成个人经验的传承。"自小在唐人街长大"这个背景经历对于人物的回忆而言，与"自小在中国长大"并无二致。中国/美国这样一对二元地理空间关系被中国的/美国的这样一对文化空间关系所取代。因此，父母和子女的代际矛盾注定是个伪命题，《喜福会》的主题并不是关于中国母亲和美国孩子的，而是关于中国女性如何进入另一种空间生活——无论是多年前还是现在。

影片中的时空大致分为三种：当下的时空（如三位老阿姨为君举办的送行宴会）、母亲们回忆中的中国时空，以及女儿们在唐人街长大时候的时空。影片的回环结构保证了第一个场景的重要性：所有其他的时空和回忆都从这里出发，然后再回到这里。这是一个典型的对于"唐人街"意象空间和其他空间对比的表现，只是对比物并非都市中的其他景观，而是曾经的唐人街和曾经的中国。其所连起来的，是对于"过去"的记忆。旅行者，无论是被迫流亡还是自愿旅行，都会更加意识到某个特定地方的独特性，以及不同地方之间的显著差异。①《喜福会》中的八位女性都经历了或正在经历某种旅行，从而将"这里"和"那里"区隔开，以更加流离失所的视角审视空间中可能残存的儿时记忆——这是《喜福会》中全体"唐人街"意象的底层逻辑。

在前文中，对于外景多寡的探讨已经充分证明了"唐人街"意象对标的电影影像在实际地理空间中即一座孤岛，并不确切地拥有充分的本土经验。但是其自身丰富的空间表征和场景细节又使得"唐人街"意象空间作为一种独立的都市景观得以成立。影片通过母女之间以及不同的女儿之间的叙事使这一点不断饱满。作为"唐人街"意象空间的延伸，三位已出嫁或独立居住的女儿的家庭空间同样和君家中的景观彼此观照。无论是李娜家如棺材般的阁楼（其母莺莺语），还是薇薇安拥有大采光窗格的顶层，镜头不断地聚焦于楼梯上不断攀爬的人，但是从不讲述这些人走下楼梯的故事。最终，经由安美阿姨之口讲述，影片对于楼梯的见解：即使用不同的文化方式培养，母亲和女儿之间还是有很多相似之处，就像一级一级的楼梯，一代又一代传承。

这里存在的时空向量正好相反。从时间上，影片不断地闪回和记忆仿佛是一种"向后观看"，但是从空间上，作为能指的楼梯背后，无不潜藏着一种"向上的"空间建构。因为空间的不断膨胀和延展的可能性，影片的回忆不能简单地归类于乡愁或者离散的身份彷徨，因为它不仅有来处（历史和记忆），还有明确的去处。"唐人街"意象作为回忆的集体宫殿或者圣地，暗示着一种属于东方的经验在西方膨胀和生根发芽的可能性。通过不断地"回溯历史"，没有来处的唐人街"移民二代"将自己"走出唐人街"的经历与母亲们"走出东方"的史诗交叠，在纽约的街道上传递出迁徙之感。这也和中国人对于宗族与传承的理解相似：一种代代相传的相似性格

---

① 塔利.空间性［M］.方英，译.北京：北京大学出版社，2021：17.

应该永续在血液中，并通过不断吟唱先祖的故事时刻铭记这一点。

张英进曾在《影像中国：当代中国电影的批评重构及跨国想象》中援引安东尼·吉登斯有关"剥离"和"重嵌"辩证关系的观点，用以解释香港作为"全球本土化"城市的空间影像问题，事实上，这种解读在唐人街中同样奏效。在吉登斯看来，所谓"剥离"是"将各种社会关系从其互动的本土环境中'抬离'并且跨越不确定的时空区域对其进行重构"；而"重嵌"则是"将剥离出来的社会关系进行重新挪用或改动，以将其（不管它有多么破碎或嵌入时间有多么短暂）置入其他不同的时空条件之中"。因此，一种记忆或关系的"剥离"并不一定意味着消失，还有可能是等待着的"重嵌"。[1] 当我们在全球化语境和跨地域的视角下讨论唐人街时，可能需要避免想当然地将其视作某种后现代文化的范本。正相反，在《喜福会》中出现的"唐人街"意象空间虽然空洞破碎，但绝非扁平的符号化空间，而更像是吉登斯所谓"重嵌"的产物。影片通过对两代母女关系的聚焦，将中国式的母女关系剥离 20 世纪 40 年代中国的具体语境（战争、贫穷等），将其直接嵌入 80 年代的美国唐人街。因此，在这个"唐人街"意象空间中，所谓的本土记忆和在地经验本质上指的是一种在华经验的延伸，尤其是当女儿们认同了母亲。当罗丝在暴雨中平静地说出"我在 60 年前就已经死了，为了我的女儿"之时，她完全继承了其母亲安美阿姨儿时对于母亲的理解和阐释，将自己外祖母与母亲的关系置换为自己与女儿的关系。这种"剥离"与"重嵌"背后的逻辑是，"唐人街"意象随着时间的推移和代际的延伸具有某种不确定性。将过往经验中明确并有利于"唐人街"意象书写的部分固定下来，再将其和时代背景过于贴近的部分剥除。在可以更新的记忆中，与婚恋有关的部分作为母女关系的精神线索被"唐人街"意象保留着，也让"出走"和"出嫁"完成了隔空映照。唯一没有婚恋危

---

[1] 张英进.影像中国：当代中国电影的批评重构及跨国想象［M］.胡静，译.上海：上海三联书店，2008：302.

机的"女儿一代"是主人公君，最终选择了返回大洋彼岸的东方，她也是唯一一位还住在唐人街父母的老屋子中的女性。"老姑娘"的存在保留了文化传承上的第二种可能性：单纯地通过地域本身。

对于代际关系的认同可以为"唐人街"意象的可持续性指明发展道路。至少在《喜福会》中，并不存在逃离唐人街的向往。不同时空的经验与关系在叙事中相互杂糅，最终形成"向上的"阶梯状的传承。另一个比较好理解的符号是阁楼的窗户。从莺莺阿姨的窗户瞭望到极具加州风情的斜坡街道，那里的景观与薇薇安记忆中的唐人街迥异，可以看出是一条"白人"街。类似的景致也出现在薇薇安长大后居住的海景房阁楼，但被李娜阁楼的百叶窗遮蔽。窗户象征的希望成为对女儿们婚姻的预判，但是整部影片中从未明确出现的"门"的形象的缺失也使得这种向外生发的欲望变得克制。换言之，对于唐人街外广阔世界的看见与承认并不能唤醒人物逃离的欲求。影片唯一真正的地理位置上的大幅度离开或启程恰恰是君乘坐轮渡回到上海，去见自己未曾谋面的同母异父的姐姐们。明显的向内自省而生发出的崭新回忆与当下本土经验杂糅，形成《喜福会》中专属于唐人街的独特文化气质。"唐人街"意象的空间既不属于所在的城市或民族国家，也不属于华人的故土——中国。它自成一体地建构出一个并不存在于地理学上的"文化＋回忆"的空间，是中国在想象中的文化飞地。从这个意义上说，"唐人街"意象在空间上更像一座纪念碑，或者博物馆，陈列着来自各时各地的回忆，将它们撷取、重组，然后新生。

整体而言，《喜福会》从离散经验出发找寻华人家庭在美国生活的裂隙而加入民族认同的想象。影片中的"唐人街"意象空间始终与某种记忆中的空间相连。这种空间的关联是柔和的，没有通过具体的抽象化符号强行建构。因为和后现代拼贴式的影像符号相比，"唐人街"意象和"中国"之间的关系在叙事上相对紧密，对于家庭叙事的书写也让文化传承出于血缘而非纯粹抽象化的继承与发展。显然，海外华人利用自身经验书写的"唐人街"意象总是与回忆中的中国空间发生连接，从而将"唐人街"理解为一块中国飞地，在时间维度中往返于"唐人街"意象和中国之间。对于创作主体而言，《喜福会》的影像呈现方式无疑将浪漫家园的书写置于有关伦理的类型叙事之上，展示出用电影的方式绘制新的文化记忆图景的决心。

但与此同时，老旧的回忆限制了"唐人街"意象本身进行空间扩展的能力，将其流于零碎记忆与传承的"回忆之地"，也注定了此种空间架构的方式最终会走向尽头。王颖此后除了《雪花秘扇》并无著名作品，源于将离散文学的华人小说作品改编为电影的道路也自严歌苓之后渐渐寂寥。"唐人街"意象作为在现实生活中仍有生命体验和未来发展前景的活泼内涵，在描述与阐释上都不会是无限依附于中国想象的。关于"他性空间"的理解可以再一次回应这个话题：李娜的几何化的家庭空间尝试在"中式家居空间"和"西式现代化内饰"中间找到风格化的另类路径，用一种并没有明确出处的风景代替原来的认知图绘，并将其纳入原先的话语体系之内，从而达到扩展"唐人街"意象的最终目的。然而对于《喜福会》而言，一种对于民族心理认同的塑造仍占据着上风，成为"唐人街"意象背后的怀旧呈现与纪念碑。

第五章 《红番区》：从小作坊到大都市

由国家的新政治职能决定的都城的城市结构，对17世纪空间概念的形成产生了深远的影响。在都城，现代人不是生活在熟悉的、一成不变的环境中；相反，他们被卷入一个关系网络，一个视角交叉的综合体，一个交流系统，一种永不停歇的运动与反运动的游戏。在这一超出他们所知范围的连接于一体的空间中，他们的位置既是中心又是边缘；同样，在"世界舞台"上，个体既是主角，又是临时演员。

——吉利奥·卡洛斯·阿尔根《欧洲的都城，1600—1700》(*The Europe of the Capitals*, *1600—1700*, 1964)

列斐伏尔指出："有关城市及其现实问题并没有被很好地了解或认识，因为不论它是在思想（意识形态）还是在实践中，均没有认识到政治的重要性。"[1] 在电影媒介中，不同的街景环境布置折射了不同文化观念支配的空间政治。作为城市整体空间局部组成的"唐人街"意象，通过和其他"非唐人街"意象的对比，构成了一种符号性的文化表征，影片其意往往在突出唐人街内外不同文化特质的差异。尤其是当"唐人街"意象容纳了跨族裔的空间层次时，那些具有中国文化审美意涵的元素得以被凸显。除了

---

[1] 吴宁.日常生活批判：列斐伏尔哲学思想研究［M］.北京：人民出版社，2007：353.

视觉层面，听觉层面也存在着空间建构的特点。比如，普通话、粤语与英语混杂的台词语音信息，可以为电影观众提供一个跨文化生存与生活的银幕想象氛围。总体来说，"唐人街"意象在这里不仅仅是一种彰显一座西方城市国际化、现代化程度的特殊地标，它本身便是一种对空间区隔或边界的生产。换句话说，"唐人街"意象可以既是空间的，又是（这个空间的）边界的。当边界被自身消解掉，一种向内坍缩的、黑洞式的空泛诞生了。

以成龙的《红番区》（*Red Bronx*，1995）为例，这是成龙闯入好莱坞的一部著名代表作，也是在叙事结构上具有典型意义的一部影片。众所周知，在以成龙为主创核心的很多影片中，作为主人公的成龙代表正义的一方，他遭遇了一个来自邪恶一方的困境、危机或难题，为此他辗转全球，努力化解危机，最终战胜反派。而在这些电影的"辗转"情节中，往往与海外华人华侨接触，自然也就涉及"唐人街"意象空间。《红番区》便是如此。其他还有《英伦对决》（*The Foreigner*，2007）、《急先锋》（*Vanguard*，2020）等都是此种类型的代表。成龙对唐人街空间的影像运用显然不是任意、随机的，而是深深传达着他作为影片主创的个人化的电影空间观念与美学。比如他对唐人街的理解往往不像在一般影片中那样，以一条写有"Chinatown"的牌楼标志为区隔，其内部即一条贯穿的主干道，辐射向社区内部的四面八方，居民也大多是华人；而是偏向零散、生活化，唐人街内外部没有什么明显的区隔标识，更像是一个多元族裔混居的地带。或者说，对于成龙而言，并没有明确的"唐人街"空间的概念，即使是明确的"Chinatown"的牌楼，也并非没有争议的命名方式。反而，作为"人与环境关系的历史"（布罗代尔语），地理政治的名称和定义往往并不总是统一的——唐人街亦是如此。

需要注意的是，一方面，成龙影片中的这种场景设计可能更趋于写实，因为当代的唐人街早已从百年前的"街道"概念逐渐走向人口配置和社区功能更庞大也更复杂的"聚集地"。但是另一方面，从影像的空间建构角度说，这种设计更具深意：成龙电影的故事情节基于试图消解"唐人街"意象空间边界的倾向性，拓展着影片故事进程中海外华人戏剧形象的立体性，更富有生活情调地传达了海外华人融入一座西方城市"国际化"与"现代化"进程的生存体验。当然，成龙电影亦带有香港电影工业的某些成熟经验，他总是尝试将动作性与喜剧性进行混搭，深刻地揭示了香港电影文化语境的全球面向。

一、层次化的街区

作为"功夫喜剧"的代表作，唐季礼执导、成龙与梅艳芳主演的《红番区》成功打入国际市场，并在此后被认为是成龙"进军好莱坞"的成名之作。影片以美国纽约为背景，讲述成龙饰演的马汉强受叔父彪叔所邀，赴美帮工，与邻居姐弟偶遇意外犯罪事件、最终帮助警察抓住真凶的故事。整个叙事完全发生在美国纽约，却通过马汉强作为"外来者"的视角展开，并由彪叔作为"过来人"进行读解。这与中国观众观看影片时的理解可谓同构。

从影像上而言，影片并不急于切入唐人街的正题，而是先借助马汉强抵达美国的视角，从唐人街外部，也即从那些秩序井然的"帝国城市街景"开始铺垫。随着落日余晖下的飞机抵达，马汉强开始了这段"访美"之旅。通过飞机内的视角镜头，自由女神像、豪华繁忙的机场和飘扬着美国国旗的五角大楼最先被呈现在观众（同时也是马汉强）眼前。在电影文本中，自由女神像是典型的视觉符号，隐喻了美国的国力和文化精神，当然，国力和文化精神背后的支配逻辑是一种帝国殖民主权。而与之相对地，在经典好莱坞影片序列里，自由女神像更多地被认为是"自由""平等"理念的象征。《红番区》则有意将自由女神像和纽约的摩天大楼并置，似乎在创造一个具有意识形态含义的"国际大都市"。自由女神像在这里与其说是"自由"理念的表征，倒不如说是以"自由"为荣的纽约城市之空间想象，它真正传递的是"秩序井然"之感。自由女神像和摩天大楼镜头的交替出现，在某种程度上有助于将好莱坞的视觉惯例置换、还原为空间建构，它本身便带有"外来者"从外部世界审视这座城市及身处其中者的主体超越性。

而在全球化文化的一般性表述中，"国际大都市"意味着城中建筑与街道规划存在着历史、文化的象征，如初入纽约便要瞻仰的自由女神像、作为金融中心的第五大道、作为军事机关的安保森严的五角大楼，当然也有先进、繁忙的国际机场和高速公路。像纽约这样的早期国际大都市早已成为全球化国际大都市的空间样板，虽然这种样板并非来源于个体记忆。对于某种空间回忆，我们无疑在进行重构，但这种重构有赖于我们其他的回忆以及他人已经勾勒好轨迹的回忆。新的图像与那些同样真实的图像相连接，没有后者，别人的回忆就会一直模糊不清且无法解释。因此，当我们在某座大城市的老城区游历时，请人为我们讲述那些街道和房屋的历史会令我们尤其感到满足。所有这些都是新的认识，而我们似乎很快就与之熟络了，因为他们与我们的印象合二为一。[1]《红番区》的开头就呈现出这样一种想象和全新体验夹杂的气质，出于某种茫然的、毫无主体建构的窥视视角。

影片在跟随马汉强经过曼哈顿区的奢侈品商店之后，镜头旋即转到了布朗克斯区拥挤杂乱的小巷（马汉强叔叔的超市就在这条巷内）。小巷不是典型的"唐人街"意象空间，而更类似于"城中村"。从街道到小巷，表征了纽约这座国际大都市徒有其表的空间层次：它以秩序与权力作为其外壳，但内在的本质却仍然是盘根错节、错综复杂的城中聚落。光鲜的大型街道形成了对聚落丑陋肌理的一种遮掩。德国电影理论家克拉考尔在《电影的

---

[1] 冯亚琳，埃尔.文化记忆理论读本［M］.余传玲，等译.北京：北京大学出版社，2012：85.

本性》一书中论及"固有的近亲性"时指出："电影对'街道'的永不衰竭的兴趣最鲜明地证实了它对偶然事物的近亲性……就现代街道的内容来说（我曾经把现代街道称为倏忽即逝的景象的集散地），它引人兴趣的地方在于那里的意外事件要多于注定的事件，而属于偶然事故性质的事件更是司空见惯。"① 大型街道上那些充满动感的交通工具和建筑、商铺，装饰、点缀着城市空间本身的秩序完满性。交通并不只是不同地点之间的运输媒介，而且还是街道秩序的一种"线条"。换句话说，无论是呈轴对称整齐排列的曼哈顿区大道，还是布朗克斯区纵向交织的地铁线，无论是地上还是地下，不同风格的交通线共同分野了这座城市的等级感。等级的背后隐含着文化、社会身份、族裔、性别的冲突。借助影片中马汉强的眼睛对城市街景的观看，观众得以了解到社区聚落内人口的基本生存状况：曼哈顿区理所应当地是纽约的城市中心，这里聚集着各种豪华商铺和插着美国国旗的政府办公场所；布朗克斯区则屈居于纽约郊区的等级地位，满街都是被警察追逐的少数族裔。

一言以蔽之，布朗克斯区的街道更为边缘、落后，和纽约作为"国际化大都市"样板的差异较大。之所以说"样板"，是因为两种空间一旦被置于同一影片中，全球化实际上已经成为空间生产实践的主导。在这样一种全球化话语体系中，高速公路、摩天大厦等资本主义财富聚集的结果成为空间实践的合法基础，并借此遮蔽了在城市空间上来自底层和边缘的声音。这种对比不仅是纽约城中曼哈顿区和布朗克斯区的对比，而且指代了国际化都市和其他城市之间的对比。通过对于空间的建构，影片默认了一种充满阶级意味的秩序或曰话语霸权。当马汉强问彪叔超市是否在曼哈顿区时，彪叔遗憾地表示"做梦都想在这里开一家超市"，这无疑认可了两个区之间的空间区隔和其间包含的阶级差异。

---

① 克拉考尔.电影的本性［M］.邵牧君，译.南京：江苏教育出版社，2006：87.

二、网点化的单元

影片自进入布朗克斯区的段落开始呈现出一种均质化、单元格式的内景空间。马汉强到达彪叔住宅的过程，镜头既没有表现由街道进入公寓的过程，也没有刻画这座公寓和街区其他建筑之间的相对关系，而是直接切入内景。其后，无论是彪叔邻居丹尼姐弟家，还是彪叔所开的中国超市，都是开门见山地进入某个具体的内景，略过了摄影机场间调度的同时，也在一定程度上消弭了场景与场景之间的关系。换言之，上述空间从视觉效果来说并未呈现明显的"唐人街"意象空间的整体布局，使得观众很难明确辨别出哪里进入了唐人街、哪里游离于唐人街边界之外。换言之，《红番区》中的"唐人街"意象空间并没有真正的一条街。这和上一章所讨论的《喜福会》略有不同。《喜福会》是没有真正的聚落空间存在的，一旦"喜福会"这样的聚会结束，就不再有任何华人聚集的可能性。然而在《红番区》中，"唐人街"意象空间存在于一个一个单元格式的华人聚落内部，如彪叔家、丹尼姐弟家、中国超市等。这些华人生活、社交或消费的内部空间，符合社会学意义上的唐人街空间建构的基本要素，也显示出"唐人街"意象在这里勉力创造一个真正属于华人的空间的决心，尤其是在这个偌大的国际化都市中，这一切显得多么艰难。

彪叔家中马汉强父亲的照片代表着对于逝者的怀念和重塑。逝者的形象是飘忽不定的。从他离开的那一刻起，他的意义随着人们对他观察视角的变化和人民所处位置的变化而变化。当彪叔的家仍保留着华人居住的全部习惯时，作为个体的马汉强也不得不加入这个群体，并且继承关于父亲的群体性记忆。从遗像和家具来看，有关父亲的言说是传统但开明的：当功夫木人和西装领带并置得毫无缝隙时，影片再一次否认了有关唐人街的任何区隔存在。

事实上，影片并没有提供一个与其他街巷界限分明的唐人街全景，也没有为这一点而设计情节，而是将"唐人街"意象拆解为华人家庭内景、华人商铺内景等，并以内景网状交织的连接结构来表现街道。"街道"是作为不同内景空间之间的过渡而存在的。它有助于消解"唐人街"意象在空间上的宏大性，而将之微观化到生活与写实的维度，维持影像的某种"亲和力"。角色与观众分享了彼此的空间感知经验，而这一经验得以建立的基础是生活本身，而不是建立在关于"唐人街"的文化观念。比如，彪叔公寓外的街道是白人飞车党聚集的场所，楼下即彪叔借来的婚礼用车停放之地，并因此引发了马汉强与飞车党的第一次正面交锋。与马汉强进入彪叔公寓直接切入室内相反，这段楼上楼下的街巷空间桥接十分清晰，并在此后的若干段落予以展示（例如马汉强被欺骗、伏击）。从公寓外街道的铺陈来看，拥挤的停车和随意的涂鸦显然指涉了纽约平民社区的一般形态，并无丝毫华人甚至东方文化进入的元素。但是影片明明白白地展示了马汉强从（内涵上属于唐人街的）自己家窗口一跃而下，进入这个巷子当中。内外的区隔是如此不明显，以至于观众总会误以为这并非一个典型的华人社区。

不但如此，就连马汉强初来乍到被略过的由街巷进入室内的空间，也在他被飞车党打伤之后的段落予以展示。从连接交通干道的岔路口，到小巷尽头，再到公寓的楼梯和房间门，整个由外向内的场景浑然一体。对于观众而言，这并非不可见的某种联系，而是马汉强在纽约生活的日常，是整个生活空间的其中一部分，而不在于唐人街作为"华人聚落"的刻板观念。通过以这种内景生活空间为核心的连接，"唐人街"意象进而被城市空间的生活叙事隐藏起来，其文化、族裔与身份所传达的等级观念不再被影片所强调。取而代之的是富有写实美感的本真人文情调。这种意义上的"唐人街"意象空间刻画的不是群体化的，或者说大写的"华人"，而恰恰是为生活而烦忧的普通华裔个体。然而，这并非否认华人社区的存在，这条街上的华人超市和居住于此的华人姐弟都证明了同种族聚集社区的存在，只是这种聚集更可能被理解为出于某种现实便利目的而非文化含义。

同理，在小巷尽头的华人超市，是彪叔兄弟奋斗多年的产业。说是华人超市，是因为中英双语的广告和店内供应的亚裔常用的商品，但是超市显然没有将销售对象仅仅限定于华人，相邻的商铺也并非都是华人商铺。这种设计可以被观众理解为，在这样一条拥有很多商铺的街巷内，只不过"恰好"有一家华人超市而已。在场的华人超市为潜在的诸如墨西哥超市、意大利超市等进行画面留白。进而，一座多元文化并存、多民族共处的城市共同体便可以由无数个这样的街巷组成。街巷汇总的每一个具体的空间单位，都可能是对某种文化或族裔聚落的表征，但整个街巷却是均质化呈现的，它并不由某一种文化话语中心或民族主体进行主导，既不包含宗主国话语的强势，也不包含殖民地话语的弱势。这是《红番区》中的"唐人街"意象与其他一些有关唐人街的中外影片最重要的区别。

在马汉强第一次去华人超市时，对于自己未来的婶婶竟然是一位非洲裔女性感到吃惊诧异。"这里不再有黑人白人，而是只有地球人。"彪叔的解释不仅在说自己的婚姻，更是基于其对于唐人街成为"地球村"可能性的一种展望。如果用美国爱尔兰裔文化政治学者、东南亚研究专家本尼迪克特·安德森有关"想象的共同体"的观点来理解的话，纽约作为国际化的、现代的大都市，不可避免地与关于民族、乡土、家庭和宗教的认同产生冲突，但是通过新的社会关系的建构，人们可以产生一个"想象的共同体"将自己与他人联系起来。[①] 在安德森看来，这种对于共同体的想象最直接的媒介是语言。通过语言，人们在沟通互动的实践中对于自身的文化主体性得以相互确认，从而产生超文化的价值认同。可以想象，影片《红番

---

① 鲍尔德温，朗赫斯特，麦克拉肯，等.文化研究导论（修订版）[M].陶东风，和磊，王瑾，等译.北京：高等教育出版社，2004：162-163.

区》隐含着对这种超文化认同的渴望。为此，这里的"唐人街"意象摒弃了中文作为交流语言，而是让故事中的华人更多地使用英语交流。梅艳芳饰演的女店主伊莲在面对飞车党窃贼时，听到有人说粤语就急忙找"老乡"评理，讵料这位通粤语的"老乡"恰恰是飞车党同党。当马汉强通过中国功夫教训过这帮窃贼后，要求窃贼用中文向店主道歉时，伊莲却用英语回答"没关系"。在这个语境里，英语更像是一种世界通行语言，而不是美国本地的"母语"。唐人街华人之间的英语交流得以创造出一个没有文化等级感的共同体式空间，传达了一种多族裔、多文化并存的环境生态。

《红番区》和成龙其他一些影片普遍以"喜剧"和"动作"为类型特质，这两种类型虽然传统，但在成龙电影中，两种类型交叠混合所产生的全新叙事语境凸显了后冷战、全球化的色彩，这点应被重视。大卫·哈维认为，通过媒体形成的国际化空间在影片中无所不在①，其中不言自明的文本逻辑是：当代的空间建构应当是跨国界、全球化的。电影空间的建构可以对全球化跨文化进行指涉，它在电影本体层面体现为跨类型的尝试，而不一定要通过类型踪迹来表征某种国别感。在这点上，可以说《红番区》超越了一般的功夫电影，其独特的市井生活风格便是其迎合全球化时代的一种文化观念。当然，全球化式的空间建构同样隐藏着意识形态倾向。全球化通过空间来控制时间，全球化的实质是城市化，消灭代表历史差异的生产和生活方式，将一切事务标准化和同质化。②换句话说，在电影中，安德森所谓的"想象的共同体"可以理解为一种全球化的、均质的、共享的空间。然而事实上，"均质、共享"的空间特质并非唐人街赋予的，而是影片试图将国际化大都市和唐人街空间桥接在一起后，建构出来的国际化"唐人街"意象空间。这种"唐人街"意象最大程度上妥协了不同文化背景

---

① 哈维.后现代电影中的时间与空间.梁伟诗，庄婷，译［M］//罗岗，顾铮.视觉文化读本.桂林：广西师范大学出版社，2003：164.

② 吴宁.日常生活批判：列斐伏尔哲学思想研究［M］.北京：人民出版社，2007：353.

和意识形态的关注所带来的诘问，力求创造出一种"放之四海而皆准"的唐人街。

三、国际化的妥协

在电影中，彪叔假借结婚大喜，转手卖掉经营多年的超市，"我太太喜欢马场"的敷衍之词背后是不堪街头霸王骚扰的无奈。通过售卖超市，彪叔看似获得了可观的收益，其实却是弃置了他在纽约赖以为生的生产资料，实际上进行的是自我隔离和自我边缘化。现代城市文明的一个重要标志便是城市公共政治的出现，生活空间往往承载着一些公共话语之间的冲突。然而，公共政治与公共话语的缺失，却也能使某些特定的城市社区走向"无主之地"，成为无政府主义的温床。购买超市的伊莲同样遭受骚扰，而不得不向飞车党上交"保护费"。在这里，影像意义上开放而均质的共享空间却在彪叔和伊莲两位角色的个体遭遇上体现出对弱势者的不友好之处：彪叔等人生活的唐人街并不是一个内在完满的华人社区，而更像是一个自生自灭的江湖市井。华人超市不得不和其他商铺一样服从城市混混儿的暴力统治。颇为讽刺的是，这条街同时又是纽约城象征秩序的一部分，自然也会受到纽约警察的"特殊照顾"。然而，在接受了黑白两道双重"管理"以后，伊莲超市的下场仍然是被暴力强拆，伊莲同样被边缘化，其生活、生产的空间被弃置。资本主义对于土地拥有权的争夺并不仅仅围绕工作和经营本身，更重要的是对于土地的未来规划或者过去历史沿革的书写。也就是说，对于飞车党而言，并不存在一个历来都是华人拥有的社区超市。既然选择了进入国际化社区，那么华人超市作为一种"传承"的书写就需要让位给另一种历史叙事：在布朗克斯区，历来都有飞车党和警察暴力统治商贩，而这才是这片土地最"经典"的使用法则。

为了打听出钻石的下落，犯罪分子们威胁马汉强，不惜将伊莲的超市（曾经属于彪叔）强行拆毁。这个桥段其实兼具喜剧与动作的类型元素，它不仅仅为影片提供了叙事驱动力，同时也彻底揭穿了影片专门创造出来的、国际化的"唐人街"意象空间非常危险以至于空洞虚无的本质。私人化的空间从来都不曾存在：来自外界的暴力随时可以入侵内部。当超市被拆除时，伊莲正在店里的洗手间如厕。突如其来的轰然坍塌使得所有空间结构中的层级在一瞬间被打破。当这个最隐秘、私人化的小空间突然被置于大庭广众之下，此时的摄影机穿透了原本应有的超市外墙，完成了最大胆的窥视性镜头语言。对于伊莲而言，是否在自己拥有的超市内都无法掩盖自己并不在一个传统"唐人街"中的事实，她的家园——如果有——是直接通向自由女神的。均质化的街区背后带来的意义空洞使得街区本身也变得不复存在。一种国际化的大都市其实就是外来者本身的聚集。对于纽约而言，每个人都可以是配角或者过客，真实被保留下来的私人财产和空间只存在于记忆的相片中。

这个颇有意味的摄影机运动不仅完成了室内／室外空间的重组，而且反讽了影片最初的叙事线索——马汉强赴美，部分消解了其正面的意义。马汉强是为了帮助即将结婚的彪叔办理超市转手事宜才来到纽约，但是超市在转手后不到一周的时间里就因为马汉强被卷入犯罪事件而被毁。无论是彪叔、马汉强还是伊莲，从此都不再拥有这家华人超市了。换言之，这些可怜的华人因外界力量的卷入而被迫弃置自己的生产空间从而走向边缘化，这和国际化都市的背景显得多少有些矛盾。影片最终以马汉强抓住犯罪分子这样的动作戏落幕，这个结局对于影片建构的"唐人街"意象空间来说并不充分，显得有些吊诡：它没有对超市的命运进行妥善安置，曾经的超市主人彪叔也还没从蜜月旅行中回来。犯罪分子落网，但外界力量仍然可以入侵唐人街内部。超市，这个影片中对于马家叔侄俩来说最重要的生产空间，似乎被影片的叙事主线彻底遗忘在一旁。影片更关注的似乎是通过"抓捕凶犯"这个动作片式的想象性解决方案来置换对超市后续问题的实质性解决。超市能否重建、重建后是否再受到街头混混儿骚扰，这些问题无法解释的背后，同样指涉着影片对于"唐人街"意象建构的自相矛盾之处。

超市的转手或者经营都并非整部影片的主题。在最后，成龙依然需要通过动作场面真正进入纽约人群，完成融入国际化都市的最重要一步。纽约的警察可以解决钻石被盗这样的惊天大案，但仍然对街头混混儿骚扰商家毫无作为。"唐人街"意象的宏大性和过于传统、闭合的一面在被消解的同时，却通过动作场面转而谋求对国际大都市话语权与秩序感的妥协，将一种祖传的中国功夫贡献于异国国家暴力机器，背后隐藏的是对唐人街混乱、失序的生态状况的想象性和解。此外，马汉强作为香港警察的身份，又使他天然地亲近美国执法机构。微观的生活细节横插入一个颇具符号化的"警察"身份，其背后是对国际化城市建制（或者说"都城"）与运作模式的认同。城市是一个地方，是一个出类拔萃的意义中心。它有许多高度可见的象征物。更为重要的是，城市本身就是一个象征物。首先，传统的城市象征着卓越的人造秩序，与其对照的是地球上的自然界的混动力量。其次，它代表了一种理想的人类社会。[①]伴随着对于城市的高度化认可，《红番区》对于现代性秩序的完全接纳被充分呈现。

通过打破唐人街空间和其他城市空间的区隔，影片创造出一种相当尊重国际化逻辑的、现代的新型"唐人街"意象。街区和文化聚落相互融合，既可以理解为交流，又暗含着某种兼并。在《英伦对决》中，成龙饰演的关先生因为恐怖袭击痛失爱女，面对无法找到真凶的伦敦警察，关先生放弃了自己经营的中餐馆，以一己之力寻找恐怖组织。无论是《红番区》中的超市还是《英伦对决》中的中餐馆，当更大的权力降临时，这些基本的

---

① 段义孚.空间与地方：经验的视角［M］.王志标，译.北京：中国人民大学出版社，2017：143.

经营便不可维持。类似的叙事通过展现这些"大事"对于普通人的影响来完成海外华人"离开"唐人街、融入新社区的行动，但同样展现了全球化宏大叙事对于微观世界的负面意义。从本质上说，个体被兼并的不可抗力并非来自单一的偶发的意外事件，而是全球化浪潮中不可避免的冲突。

在《急先锋》中，成龙饰演一家国际化安保公司的雇员唐焕庭。公司的结构虽然是以家庭为雏形的"小作坊"，但已经没有了明确的可以传承的物质实体。那种在外国城市中建一个小铺面，由一家人祖祖辈辈经营的最为主流的唐人街谋生习惯已经不再出现了。取而代之的是，《急先锋》在表现"反恐"这个当前时代的全球性话题时，从国际主流观众对这一主题关注的角度切入，曲折地表现中国人对于这一国际化主题的关注与态度，并且巧妙地回避了将中国国家主体性过于直露地强调及与西方观众在一些认识上的直接对抗与冲突①。可以说，随着全球化进程的日益加深，"唐人街"意象在空间上的特性会越来越不可辨认。换言之，这些影片真正希望通过影像呈现的"唐人街"意象，恰恰和其他族裔的日常生活空间没有什么本质区别。

就此，《红番区》中的"唐人街"意象空间呈现出与大多数华语电影中的"唐人街"意象空间并不相似的样貌。在《红番区》中，"唐人街"意象在一定程度上被整个都市化空间所消解。作为对全球化时代的认同，影像中的"唐人街"意象试图打破自身的围墙，积极融入国际化都市的城市架构中。借由和超级大都会中现代化气质的对比和杂糅，"唐人街"意象试图在自我消解和融入环境中找到一种平衡，从而进入城市结构的内部，成为一个平平无奇的社区。进而呈现出的问题是，如果"唐人街"意象和都市中其他景观的联结已然形成，是否存在着真正蕴含集体记忆的社区空间？一种对于社区想象的消解对于掩饰族裔区隔来说是否太过激进？

---

① 钟大丰.《急先锋》：全球化语境下的中国类型故事［J］.电影艺术，2020（2）：78-80.

作为空间的唐人街既然不存在，"唐人街"意象作为边界的地理功能只得依附于更大的区域概念。通过空间化的相互蔓延，自成一体的唐人街逐渐被取代，成为空泛意象边缘之外的言说对象。和地图相似，对于某些难以命名的空间的标识往往是从排除开始的。比如除了标明为山的地方都是海，比如标识之外的区域不可进入。下一个问题是，如果唐人街无法被准确标的，那么如何通过"非唐人街的"来反衬这个空间？当城市化进一步破除了"唐人街"意象和其他城市意象之间的隔阂，是否意味着纽约这个国际化大都市不得不与其他非国际化的都市相对照？《红番区》从命名上找到了一种妥协的处理办法，即将"唐人街"独有的社区文化辐射到布朗克斯区，将更大的区域与"纽约"的其他区域相互对应。然而，由于整部影片的绝大多数影像聚焦于布朗克斯区，对于"第五大道"的想象就和对于马汉强来处的香港并无二致。无论是将唐人街划归为"非第五大道的"或者"非香港的"，都体现出影片强行将一种纯粹、平等的社区理念加诸布朗克斯区的强力主观意图。

第六章 《银翼杀手》：市井与生机

近年来，借由电影史中已经产生的符号学意义，"唐人街"意象本身已经成为一种类型电影的叙事策略，甚至是类型创作的基础。影像延伸出了"唐人街"意象更广阔的含义，并将其同全球化时代以来出现的赛博文化或消费文化相结合，构造出根植于"唐人街"意象基础之上的叙事策略。互联网时代让不同地方的人们有了更多彼此了解的途径，也使观众有了更加丰富的媒介经验。这样一来，观众在日常生活经验中对于"唐人街"意象的理解，反过来促成了电影中"唐人街"意象的变化，丰富了"唐人街"意象的内涵。尤其是当"唐人街"意象融入电影叙事中，就展现出其作为场景空间之外的独特魅力。"唐人街"意象有时为城市增加烟火气息，有时变身消费场域，有时又见证了多元文化的交织和反霸权力量。无论如何，近年来电影对于"唐人街"意象的频繁化用，都是唐人街影像生成过程中不可无视的"后浪"。

1982 年，由好莱坞导演雷德利·斯科特执导的《银翼杀手》（*Blade Runner*）横空出世。这个讲述 2020 年故事的科幻电影改编自菲利普·迪克于 1968 年出版的科幻小说《仿生人会梦见电子羊吗？》，不仅置于当时的电影技术语境来看可谓惊世骇俗，即便用今天的眼光来看依然可圈可点。影片在公映初期虽然恶评如潮，其拖沓的叙事节奏、昏暗的影调和晦涩的哲理主题均受到诟病，但随着后世一些效仿之作的诞生，《银翼杀手》日益被捧为科幻类型电影的影史里程碑，成为"赛博朋克"（Cyberpunk）的谱系渊源，显现出它那异于寻常的审美格调。其中尤为明显的是，该影片大胆实践的未来都市空间呈现令观众叹为观止。其意远不止于讲一个科幻故事，还兼顾营造一种科幻世界独特的视觉张力，打开了银幕科幻想象的全新格局。

一、赛博世界的宠儿

"赛博朋克"通常被用来形容 20 世纪 80 年代开启的一场从科幻文学到科幻电影的跨媒介创作现象中诞生的独特风格。从威廉·吉布森写作的科幻小说《神经漫游者》（*Neuromancer*，1984）大行其是以来，赛博朋克风格的创作热潮一直延续至今。在形式上，赛博朋克风格的电影以迷幻、拼贴、解码的手法来消解特定场域中的权力话语、秩序感和工具理性，刻画充满随机性的日常生活及其沉浸式体验，用以取代历史厚重感和系统的宏大叙事。面对詹明信所谓的"后现代的新空间性"，通过叙事进行认知图绘成为一种可行的尝试。文本的叙述者尝试作为（新）空间的勘探者，并且将这个新空间缝合到已知的某些世界观中——通过故事的吟唱。因此，空间与叙事就这样融为一体，继而又作为更广泛的文学绘图的一部分显现出来，而这又成为另一位作家的文学绘图的基础，并由此成为以空间为导向的文学批评的对象。[①] 赛博朋克通过风格的汇集将种种不同的新空间缝合在一起，并转喻已有的媒介经验到全新的冒险中，比如"唐人街"意象。

对于电影而言，赛博朋克风格的加入赋予了电影叙事更多的可能性。由于赛博朋克风格的场景设计非常具有风格化特性，并且这种风格常常与电影叙事产生互动，从而产生一种名为"赛博空间"（Cyberspace）的叙事背景。对于赛博空间的使用让赛博朋克风格的电影与其他涉及数字科幻或太空题材的科幻电影有所区别。"虽然不同阶段的赛博朋克小说家在技术想象方面推陈出新，他们为小说设置的环境背景却保持了高度的相似性，都是国际城市，尤其是美国大都会。"[②] 因此，以国际化大都市为模板的赛博空间借用了许多城市符号和元素表征来建构一套独特的后现代世界观。在电影中，这种世界观还有相应的视觉风格加以呈现。

自《银翼杀手》以来，"唐人街"意象就被大量应用于赛博空间。影片对未来世界的描写看似和唐人街这个历史遗留物格格不入，但这些影片借用了"唐人街"意象在电影史中的特殊意义，将"唐人街"意象化用为某种人流聚集的、跨族裔的或产生阶级冲突的地带，从而使得"唐人街"意象在科幻电影中获得了全新的表意实践活力。以《银翼杀手》中未来洛杉矶市的"唐人街"一角为例，镜头运动明显参考了波兰斯基执导的《唐人街》最后一组镜头自不必说，在空间建构上也显示出对于东方元素符号的种种挪用。空间上部一定是拥挤的，通过层叠的广告牌灯箱向上蔓延，堆叠的汉字符号从色彩到格式都不统一，有一种野生向上的力量。和传统赛博朋克空间中"上层"部分相比，灯牌的向上并不具有哥特式的宗教意味，

[①] 塔利.空间性［M］.方英，译.北京：北京大学出版社，2021：66.

[②] 陈榕.赛博朋克小说中的都市空间想象［J］.南开大学学报（哲学社会科学版），2019（3）：47-55.

其力的向量是堆叠和略带冲突的，从而在"共同建构"中避免了对权力收束的回应。空间下部的车水马龙一定是拥挤的，这不仅是对唐人街刻板印象的化用，也是对于生活气息的承认。更关键的是，这些拥挤的街道并不仅仅是人群和车辆，房屋沿街的一层总是底商，琳琅满目的商品和消费空间是下部空间的主流呈现。吊诡的是，在专注于描写海外华人的影片中，唐人街的消费功能和生产空间往往是被刻意忽略的，取而代之的是重复的生活和仪式化场所。但在赛博空间中，"唐人街"意象被展示为拥有财富交换能力的快速流转场所，这也正应和了"车水马龙"的速度感。

尽管《银翼杀手》的叙事并不新鲜，平铺直叙的追凶故事甚至有些老套，但比起科幻类型电影惯常的宏大立场和道德说教倾向，这部影片反其道而行，讲述了一个简单的侦探故事，同时聚焦于刻画未来时代下普通人的日常生活，使高科技的元素重返较为微观的平民立场。由哈里森·福特饰演的主人公戴卡德受到洛杉矶警察局重新征召，奉命追踪流窜的非法复制人，并将之一一处决。在过程中，戴卡德与泰勒公司内部使用的女性复制人瑞秋坠入爱河，二人在任务完成以后互相袒护，双双逃亡。虽然影片叙事相对单调，但是对叙事场景中赛博空间的描绘可谓经典。

影片中的未来洛杉矶城市空间分为两个部分，"上层"部分的核心建筑是那座形似金字塔的奇观式摩天大楼，即故事中生产复制人的泰勒公司总部所在地、复制人犯罪逃亡事件的起源地；"下层"部分是城市贫民窟与娱乐场所，整体呈现出"唐人街"意象的视觉风格。两个部分构成的鲜明反差，直白地陈述着这部影片的"乌托邦/反乌托邦"视觉主题。"与精英阶层相对，赛博朋克电影借鉴黑色电影的黑夜、霓虹灯、大雨、穷街陋巷、广告牌等视觉元素来打造底层空间。"[①] 在其他类型电影中，上述视觉元素并不总是与"唐人街"意象耦合。然而，两者的混用创造出别具一格的叙

① 黄瑞璐.赛博朋克电影的美学建构与文化表达［J］.传媒观察，2020（1）：64-71.

事手法，以"唐人街"意象表征反乌托邦（dystopia）的主题。

在影片开头，一组全景摇镜交代了洛杉矶城市的整体地貌结构：以庞大的泰勒公司总部建筑作为城市中心，密密麻麻的民居呈辐射状蔓延，灯火阑珊。形成了"中心—边缘"这样的二元对立关系。这种对立同样可以代表着"秩序—无序""权力—服从""贫穷—富有""天堂—地狱"等关系。随着剧情展开，主人公戴卡德办案时在泰勒公司与贫民窟地带来回穿插，从视觉的角度强化了对立关系，从而产生更为强烈的冲突感。

在《银翼杀手》中，生产复制人的泰勒公司总部在夜色掩盖中呈现出淡蓝色调。充满科技感的蓝色光源印刻在方尖碑一样的楼体外部。楼的外立面并不是垂直的，而是金字塔一样收拢至某个统一的顶点，一种简单的极权象征和洛杉矶城市中喷射烟火的大全景形成强烈反差。洛杉矶全城多处喷射着不知名的火焰，虽然点点火光闪烁酷似炼狱，但是全景中呈现的暖色调与"下层"的唐人街趋于一致，而令泰勒大厦显得更加格格不入。

有关贫民窟和市井的空间部分取材于唐人街的街道景观，并借由影片某一配角之口向戴卡德和观众直接指出"唐人街"这一称谓，突出了"唐人街"意象在影片中的重要性和存在价值。影片并不是利用某些唐人街的装饰风貌或视觉元素去创造一个贫民窟，而是利用各类视觉元素和叙事情节来"重塑"一个新的"唐人街"意象。后现代作为一种文化主导，在空间呈现上的矛盾来源于我们对于心理地图和现实无法完全匹配的恐惧。一个空间，哪怕是现实中家门口这样简单的空间，通过脚步测量和亲身感知得到的总是更像在千里之外的城市，因为主体感知和记忆无时无刻不被其他的视觉参考包裹着，将我们的心理地图涂抹为重构的、具有修辞性的意识形态标识码。因此，对于"唐人街"意象的把握，可以从叙事如何展开了这个地图卷轴的角度进行探讨。"唐人街"意象中任何一个指示牌都表现出叙述者在想象世界的叙事尝试，从而让空间与叙事浑然一体。

虽然《银翼杀手》为了烘托侦探故事的悬疑感与危机感，秉持与《唐人街》类似的逻辑将"追捕复制人"的故事引向夜晚的、"罪恶的"唐人街；但与此同时，《银翼杀手》在此基础上增添了科幻想象的元素，如复制人、悬浮警车、视频电话等。将科幻元素与高度发达的商品经济形态相结合，使得这部电影的造型理念又与以往的黑色电影和科幻电影有很大区别。影片动用洛杉矶街区的实景拍摄，将唐人街夜生活中的世俗娱乐特性打造得极为精湛。夜店、舞厅、酒吧、餐馆以及对一些科幻式道具（许多当年影片中充满科幻意味的道具已成为如今的日常用品）的使用，使得影片空间平添了多彩的夜生活气息。"唐人街"意象中富有生活情趣的一面被影片充分挖掘，成为"侦探—犯罪"叙事结构中的调和剂，使这出侦探故事获得了全新的影像质感。

因此，就视觉风格来说，《银翼杀手》中的"唐人街"意象设计更多地借鉴了黑色电影。换言之，赛博空间中的唐人街并不是首先基于对唐人街的纪实性刻画，而是对黑色视觉风格下的唐人街夜景，以及黑色电影所打造的"唐人街"意象的二次处理和变形。《银翼杀手》中那座细节丰富得令人惊叹的 2019 年洛杉矶市营造出了一种未来主义的黑暗气氛[1]；正是这些丰富的细节使得"唐人街"的命名可以成立。对于意象的成功移植带来的不仅仅是故事展开的便捷，还有总是存在于"唐人街"意象中的所有指涉：贫穷、犯罪、鱼龙混杂……

通过具体点明"唐人街第四区"这个地理位置，叙事作为一种行程（itinerary）表现出强烈的指向性。数字命名可能代表了原空间的广大，但首先承认了其秩序感。由此，《银翼杀手》中的唐人街首先可以被命名，并通过统一的称谓将其变为"可见的"。对于某些唐人街而言，号码作为一种解读空间的有效手段被遮蔽；然而赛博空间的"唐人街"意象借由街牌号码显现出的可见性成为与"非唐人街的"对话的关键。究其原因，与赛博

---

① 欧阳一荃.从赛博朋克风格电影看未来香港［J］.艺术科技，2017，30（6）：95，268.

空间中的唐人街对仗的"上层"空间成为叙事的"反面"，也就因此不再具备可见性。泰勒大厦内部空间结构对于观众而言是不可知的，对于叙述者来说也是，从这个角度上说，这部分认知地图是"缺失"而隐藏在迷雾中的。在"唐人街"意象承载了叙述主体的时候，其可见性的透明度陡然加强了。

二、暗影朦胧的新解

影片中有一个桥段，戴卡德夜晚在唐人街追杀、枪毙一位逃亡中的女性复制人，引来路人木然围观。这个场面似乎是在向罗曼·波兰斯基的《唐人街》致敬：同样以枪击女性来展现的暴力残杀场面，也发生在《唐人街》影片结局处。然而，剧情大体类似，细节却截然不同。《银翼杀手》中这个段落更加具有黑色电影的阴森气质，但又不介意将这一切暴露出来。阴雨连绵的夜晚，在由霓虹灯、广告牌和打烊店铺构成的城市街角，侦探只身闯入由那些虎视眈眈、不怀好意的罪犯环绕的黑市或酒吧，向深藏不露的奸商和酒保打听线索。在黑色电影的逻辑里，唐人街的夜生活往往意味着放纵、危险与刺激并存。影影绰绰的朦胧光源，随时降下的雨雪，使得这类背景的科幻影片天然地与"黑色电影"类型亲近起来[1]；然而更多细节的呈现意味着观众的视野更多地在唐人街停留，这和《唐人街》中的惊鸿一瞥完全不同。在《银翼杀手》中，繁杂琐碎的唐人街夜生活被一一呈现，赋予了这个意象少见的生机与尊重。

"众所周知，无论是在中国本土或是在海外，华人社会的突出特点之一，就是在某一地集中于某一行业的从业者往往彼此具有某种亲缘关

---

① 陆嘉宁.从赛博都市到废土时代：浅析近年特许权科幻电影中的故事世界与人居景观[J].当代电影，2018（9）：120-124.

系。"①当这样的行为习惯被刻板印象化后在影像中呈现，其结果无异于所有的华人戴着同一张面具：他们做着类似的工作，他们居住在一起，他们彼此是亲戚……他们的性格、长相也不无相似。然而，《银翼杀手》中出现的唐人街居民各有特色，呈现出与复制人截然不同的样貌与活力。

戴卡德初亮相时是在一家电子产品商店橱窗外看报纸。橱窗的汉字已暗示了这里确实是唐人街。飞空艇在播放宣传复制人技术的广告，制造了城市广场式的背景音。城市的垂直立体架构反衬了戴卡德身处街头的"底层感"。随后，戴卡德走入对面的日本料理排档，与操着一口日语的厨师沟通失败。厨房的腾腾蒸气为雨天中的市井街头带来了进一步雾化的效果。科技并没有消除城中闹市区的杂乱与迷幻，反而成为它欢闹气氛的最佳注脚。汉字、亚洲语言、反复播出的广告词、街边摊的烟火气……当这些符号被聚合于一个名为"唐人街"的意象中，叠加产生的市井气息竟然十分娇俏可爱。这里，《银翼杀手》与同样将唐人街理解为脏乱差，但却拒绝细致了解、拒绝加入其间的《唐人街》等犯罪类型电影截然不同。

日本料理排档的内景同样值得解读。十分低矮的天花板限制了上方空间展示的可能性，只隐约能看到回转寿司吧台的椭圆形轨道。老旧的白色荧光灯箱嵌入天花板，显示出颇为少见的亮堂和色调中和。用餐位置与售卖位几乎水平，左右对半控制着整个镜头布局，迎接进入店铺的戴卡德。虽然和回转餐厅常见的高吧台椅不同，平视的买卖关系也能看出这个空间扁平延伸的特性。近景处的调味品和杯盘塞满了屏幕的前三分之一，同样中分的布局像秤砣一样压着整个画面的质感：在一个充满柴米油盐的世界里，和普通人一样吃一份食物，这是西方人面孔的戴卡德也可以做的事情。赛博朋克世界的"唐人街"意象从不试图驱赶非华裔或者东方面孔的人，正相反，他们对所有进入者都异常友好，不再区分"误入"或者"闯入"。

---

① 孔飞力.他者中的华人：中国近现代移民史［M］.李明欢，译.南京：江苏人民出版社，2016：172.

结合影片后文来看，这里的场景与故事主要行动其实并无干系。影片却不吝用种种视听元素建立较长篇幅的场景并展示细节，从而营造一个富有空间层次的科幻城市奇观景象。那位日本厨师和广告牌上鲜明的汉字暗示了这座赛博城市复杂的人口族裔构成，也进一步深化了科幻都市的拼贴感和杂乱感。这里的"唐人街"意象不再只是华人的生活社区，而是成为少数族裔聚集区的一种隐喻性代指；而这种边缘聚集区在赛博世界中展示出更大的力量，反而给了"唐人街"意象更多的叙事可能。

泰勒公司总部与戴卡德身处的唐人街形成的"中心—边缘"式地理模型建构，以及由此延伸的"乌托邦/反乌托邦"视觉主题，使得影片不再像黑色电影那样对"唐人街"意象中的文化价值进行贬损，而是从道德评判、人种歧视等主体偏见转向了科技发展语境下对贫富差距和等级压迫的批判。这种转向也深刻地体现在影像，特别是在灯光与影调的呈现中。夜景中的唐人街不再是指涉犯罪的场所，而是一个提供世俗娱乐的流光掠影之地，一个消费与交易的天堂。霓虹灯、街灯和各式各样的屏幕、灯箱广告所共同营造的散点光源，奠定了一种并不使人感到惊悚的都市冷调气质。与泰勒公司内部、戴卡德的家等昏暗、沉郁的室内场景对比，影片中的街区外景反倒显示出都市人仍然保有的活力感与生活气息。

复制人街道上以蓝绿色为主的外景色调，与一些以黄色为主的内景色调构成了反差和对比。和唐人街相对的，赛博世界中的复制人夜景空间并不拥挤，四五条与地面平行的蓝色灯带挂在商铺的外立面上，为整个空间确定了秩序和稳定感。为了与唐人街相区别，复制人街道努力呈现出的安静和规整勾勒出诡谲气息，在空间建构上也更加空洞。如前所述，充满空白的空间其实代表了地图上的未知，是叙述者行程有意躲避的场所。和唐人街相比，复制人街道显然无法被勘测、记录和书写，只能通过空旷来说明叙述者立场。

在影片后半段的一场戏里，戴卡德寻到了基因设计师塞巴斯蒂安的住处，并躲于车中监视复制人领袖巴蒂，结果遭遇突然从天而降的巡逻警车盘查。在这场夜戏中，虽然能看出沿街的店铺早已打烊，但路旁无处不在的奢华街灯与广告灯箱，甚至闪烁的警灯本身，都大大削弱了场景的阴森感，霓虹灯闪烁使它更趋于科幻式的浪漫。如果说这种大胆而前卫的影调使人眼前一亮而不觉可怖，随后戴卡德闯入塞巴斯蒂安家中，看到复制人普瑞斯与机械玩偶同处一室的景象则因为暖光的加入令人毛骨悚然。影片试图通过多种具有赛博朋克气质的符号拼贴出一个虽然杂乱却不邪恶的"唐人街"意象，这与塞巴斯蒂安家中那种秩序井然却毫无生机的诡谲形成对比。

将赛博世界中的"底层社会"命名为唐人街，与观众对于唐人街的刻板印象有着深刻的联系。起初，唐人街只是表示特定的地理空间的名称。在现代化城市中，它被纳入其间，却又成为"边缘地带"，一座异邦人生活的贫民窟。然而，贫富差距的增加在一定程度上掩盖了发达国家对于华裔劳工的压迫剥削历史，以贫富差距的叙事取代了民族／种族对立的书写。进而，"唐人街＝贫民窟"成为一种不言自明的修辞手法。虽然这种联系在社会学意义上有着深刻的悖谬性，但是经过影像加工之后，"唐人街"意象承载的贫穷、痛苦逐渐被赛博电影的反抗气质所接纳。"唐人街"意象也随着全球化时代的进一步发展，产生了新的意义。

三、成功之路的助力

《银翼杀手》通过频繁出现汉字表现"唐人街"意象的文化特质和深厚的空间景深。在《银翼杀手》精心构建的赛博都市洛杉矶内，随处可见汉字拼凑的路标、涂鸦、广告、招牌和宣传语。影片通过场面调度和景深镜头频繁让戴卡德得以穿行在汉语标识牌构成的破败街道。汉字，作为一种象形文字，为街道提供了更加质朴、前现代的和"非电子化"的感觉，尤其是当出现手写体汉字的时候。当歪七扭八的汉字和机械复制的科技商品共同出现时，这种对比更加明晰：一种充满秩序感的高科技霸权被满是人情味的细节所威胁。手写体汉字在这里隐约呈现了被隐匿的真正的"人／人性"，一个前科幻、前现代、前秩序的所谓古老"人性"。同样地，在复制人巴蒂的一些场面调度中，影片也屡次使用手写体汉字标语来充当拓宽景深的街景环境。手写体汉字与深刻洞悉人性的复制人巴蒂并置构成了景深，更是形成了一种隐喻修辞。影片通过叙事展现出对科技秩序感的讽刺和反感，同样衬托出对于"唐人街"意象的积极情感。在这里，"唐人街"意象包含了赛博世界中反抗强权的底层力量，成为典型的反乌托邦叙事中的有生力量聚集地。

影片用唐人街中汉字和中文对白来突出少数族裔与统治阶级间的文化差异，并将这种差异理解为赛博世界的城市阶层差异与等级制度结果。在之后的一些科幻电影里，"唐人街"意象继承了上述反抗力量的符号化意义，并将其延续到角色和其他叙事层面，由此奠定了"唐人街"意象的全新含义：在科幻电影中，它蕴含着被压迫的新生力量。在《银翼杀手》中，已经出现了个性化的华人形象。这种形象既不是陈查理这种精心设计的典型人物，也区别于乌压压一片难以辨认的华人群体。《银翼杀手》中出现了一个服务于叙事发展的小人物。在打听塞巴斯蒂安住处时，巴蒂与手下逼问一位名为汉尼拔·周的工程师。汉尼拔·周先是操着一口浓郁的粤语回应，后又讲出明显的中式英语，这使得影片中的中文成分不仅存在于视觉元素中，也参与了听觉信息。这位中国工程师和前述唐人街上的日本厨师一样，都是生活于此的普通居民。对于不同族裔人物的细致刻画，从侧面体现出片中这条"唐人街"的包容性。

如果说《银翼杀手》中的华人形象仅仅是多元世界的平凡一环，那么"黑客帝国"系列中出现的华人形象和"唐人街"意象则无疑是主人公的帮手之一。在《黑客帝国2：重装上阵》（*The Matrix Reloaded*，2003）中，"救世主"尼奥收到指示去寻找矩阵（Matrix）虚拟世界中的"先知"，而欲寻得"先知"必须先找到其守护者。尼奥按照线索寻到唐人街，见到了这位由邹兆龙饰演的守护者，正端坐于唐人街的茶室内，随后二人进行了一番武打交手，守护者才承认尼奥的资质。这里的叙事情节几乎与《银翼杀手》如出一辙。唐人街成为科幻世界的主人公探寻秘密、揭开真相的关键场所，唐人街上的行人渲染了尼奥英雄行为的景深背景，构成了影片对世俗的隐喻。至于唐人街中习武的华裔"高手"，则不再是扰乱城市治安的犯罪分子与偷渡客，而演化为英雄与正义事业的助力者。并且，守护者的唐装服饰与复古的圆片墨镜亦被用于标识了其英雄身份。与《银翼杀手》相比，人物及其装扮所透出的族裔特征不仅体现出异域风貌和世俗气息，还深度参与、推动了影片的叙事，为整个"反抗"主线加入了特别的一环。

不仅如此，《黑客帝国2：重装上阵》中的唐人街其实是有层次的。嘈杂的街巷中存在的是古朴安静的茶室。街道内外强烈的反差体现出对于多元化"唐人街"意象的尊重。茶室大堂之外空无一物，使得它显得肃静、古朴而一尘不染。对于叙事而言，中式茶室的抽象美感更凸显了这场比武的仪式感。因此，守护者与尼奥随后进行的比武如果说是考验，毋宁说是"赋能"，为主人公尼奥增添沉稳之力，用以突出主人公英雄形象的魅力。

影片试图提供一种较为中立的"唐人街"意象，包容百态的同时更充满市井生机。在强调反抗和反乌托邦的科幻电影中，这种生机恰恰是更为正义的一方，即使不是以反抗强权为母题的电影。更加多元的"唐人街"意象意味着观众对于唐人街更近距离的凝视。

好莱坞电影在影像空间中的霸权在于，民族电影的叙事空间和少数族群的电影语言的语法被严重限制，最终导向一种"电影观念"的平面化"革新"。在共时性的赛博世界中，有关电影的思维和经验不断被生产，同时作用于电影的制造本身。21世纪以来，好莱坞不仅以"异形"和"虚拟现实"的电影引发了空间观念的革命与电影叙事的空间革命，而且以绝大多数的海外票房成就和维持着一个覆盖全球、党同伐异的影业帝国[①]。"唐人街"意象经过不同主体的多次转换，最终在全球化语境和"去全球化"的民族电影呼号中同步生长。经由影像的多次生成，不同影像中的"唐人街"意象产生了对话空间，不停地校正和改变着意象符号所能囊括的意义。因此，在赛博世界中更需要关心的是，如何将全球化语境与民族国家的自我确认对标到一个全新的叙事世界中来。

对于赛博朋克空间中的"唐人街"意象研究聚焦于"唐人街"意象对电影叙事技巧和类型策略产生的影响和互动关系上。在唐人街成为影像符号化的表现语法甚至是章法之后，"唐人街"的空间意象得以引申出更多的含义，从而广泛地参与到影片叙事中来。"唐人街"意象摆脱了传统范式的窠臼，针对不同类型电影呈现出更多元的可能性。尤其是"唐人街"意象已经在赛博世界中发展为不可或缺的场景构成，并且经由赛博朋克元宇宙不断缝合和转译不同影片和作品中的"唐人街"意象，积极地确认其作为赛博主体发祥地的重要地位，且在接下来的创作和评论中被继续挪用。

在梳理了科幻类型电影中的"赛博世界"发展简史后可以看出，科幻电影中的"唐人街"意象成为底层社会代名词的同时，也接纳了唐人街中真实存在的人和生活气息。与其他展现唐人街的影像不同，对于"唐人街"意象的正视和严肃描写是叙述者真正进入其间的证明。通过更加尊重人性的视角赋予"唐人街"意象更多细节的展示空间，后现代式的拼贴不再将唐人街理解为他性空间。"唐人街"意象因此具有了主格。叙事作为表达经验和现实的方式，在对不同的（或许是想象的）空间进行回应的同时，也不可避免地受到空间的影响。在以《银翼杀手》为代表的赛博朋克世界中，唐人街不仅是影片中角色经过的某个场景，而且在塑造主要人物性格方面

---

① 李道新.中国电影：国族论述及其历史景观［M］.北京：中国电影出版社，2013：197.

承担了更多的功能。在赛博朋克世界中，影片的主人公不再止步于"经过"唐人街，而是与"唐人街"意象产生尽可能多的关系。

一个新的问题是，如果个体经验和产生经验的地点不再相符，那么赛博朋克世界中的"唐人街"意象如何被呈现为反乌托邦的想象的共同体？长久以来，唐人街作为华人聚集地在电影中的呈现始终是东西方对立或者至少是区隔的。然而，如果赛博朋克的叙述者因为唐人街而展开叙事，唐人街作为故事的发生地和起点，承担了全球化空间中一种特殊的"民族主义空间"的功能。这里的民族并非关于肤色和族裔，毕竟大多数赛博朋克故事的主角依然是白人男性。但是在赛博世界中，族裔的分类被"上层"/"下层"的分类所取代，而"唐人街"意象则被作为下层民族主义的空间展开。通过一种族裔分类方式的转换，长久以来背负在"唐人街"意象身上的东西方对立的色彩被释放出来。因此，更需要谨慎审视出现在"唐人街"意象空间中的任何符号性元素——无论它看上去是东方的还是西方的。在这里，一种将唐人街从他者视角中解放出来的可能性正在逐渐明晰。

第七章 "唐人街探案"系列：旅游与消费

> 想象的真理价值不仅与过去有关，而且与未来有关：它所召唤的自由和幸福的形式需要传递历史的"现实"。它拒绝将现实原则对自由和幸福的限制当作最终结果，拒绝忘记什么是"可能的"。这就是幻想的批判功能。
>
> ——赫伯特·马尔库塞《爱欲与文明：对弗洛伊德思想的哲学探讨》（*Eros and Civilization: A Phiosophical Inquiry into Freud*, 1955）

随着影像蔚然大观的唐人街可以对现实中的唐人街产生联动作用，随着"唐人街"现象被更多人关注，以及国际间旅游消费的增加，许多地方的唐人街逐渐演变为旅游胜地，将"唐人街风情"作为消费噱头。如今唐人街和旅游业建立起了联系，这大大促成了其复兴和发展。有些政府甚至为此努力发展唐人街或者建设新的唐人街……有些政府将唐人街视为与中国联系的一种方式。除此之外，日益增加的中国游客也是这些政府发展唐人街的原因。和其他游客一样，由于听说过或者到过美国和欧洲的一些唐人街，中国游客期待看到唐人街。他们对参观唐人街感兴趣不仅仅因为即使身在异国也能在唐人街找到熟悉感，还因为这满足了他们对海外华人以及华裔的好奇心[①]。现实唐人街的发展并非本书研究的重点，然而这些现实中日趋蓬勃发展的唐人街又反过来作用于影像，赋予了电影中"唐人街"意象作为旅游场所和猎奇观光地的特殊属性。由此产生的如《唐人街探案》（*Detective Chinatown*，2015）及该系列影片，为"唐人街"意象的多元化理解增加了新的可能。

近年来，以唐人街为题材创作的国产电影最有商业影响力和大众知名度的当数陈思诚导演、王宝强和刘昊然主演的"唐人街探案"系列。《唐人街探案》系演员出身的陈思诚自编自导的银幕处女作。这部混合了喜剧、侦探、动作、惊悚等类型元素的影片一鸣惊人，在中国电影市场获得巨大成功。"唐人街探案"系列迄今已出品三部，并且由于受到互联网的广泛关注，催生了伴生网剧的播出。其因"唐人街"所产生的 IP 娱乐效应与话题性可谓势头火热，有望作为一种国产电影品牌流行若干年。

对影片为何以唐人街为创作灵感，最为权威的解释或许来自导演本人。陈思诚认为，唐人街是华人文化的窗口，连接中国和世界各地，唐人街往往是中华民族文化和当地文化的结合点，因此每个地方的唐人街都会有所不同。"唐人街探案"系列的一个主题即展现不同国家、地区和城市背景下唐人街迥异的文化地理，例如《唐人街探案》的曼谷唐人街，《唐人街探案2》的纽约唐人街，以及《唐人街探案 3》聚焦于东京唐人街。但显然，陈思诚的"唐人街探案"系列还隐含着一个颇具后现代精神的审美意图，即通过对全球化时代背景下唐人街某些文化能指的差异与冲突进行图解来达到对全球文化边界的部分消解，或者说是用泛文化精神与反智的文化倾向来冲淡、稀释文化权力体系背后的等级话语与精英立场。不难理解影片的这种旨趣其实充分迎合、娱乐了互联网生态与语境下走向文化"草根"主义的大众。为此，颇具鬼才气质的陈思诚在"唐人街探案"系列文本中营

---

① 王保华，陈志明.唐人街：镀金的避难所、民族城邦和全球文化流散地［M］.张倍瑜，译.上海：华东师范大学出版社，2019：392-393.

造着"文化符号的海洋"，唐人街文化、历史与价值观内与外的所指都被影片成功地解构。唐人街的历史废墟感及其背后的民族集体无意识荡然无存，全新意义上的唐人街空间成为后现代主义者狂欢的乐园景观和消费的物质化对象。

一、后现代狂欢

《唐人街探案》作为系列首部，其所选取的拍摄对象是曼谷的华人社区，而不是传统观念认知上存在于欧美国家的唐人街。这并非出于偶然，而是匹配了一个时髦的现实语境。比之更早两年、亦在票房与口碑方面获得双重收获的公路电影《泰囧》也讲述了两位阶层身份迥异，却同样搞笑、无厘头、荒诞不经的中国人"迷失"在泰国的故事。其主题和人物关系似乎像是在向索菲亚·科波拉执导的美国喜剧电影《迷失东京》（2003）进行戏谑式致敬。这种后现代意义上的"迷失"现象既是因为身处全球化时代的个体遭受着孤独感所支配的都市生活体验，从根本上说也是源自本然对立的文化边界。习俗、语言、生活习惯与空间感的陌生，使得身处异国他乡的人总是能够收获一份类似米兰·昆德拉所言的"生活在别处"之感。一座秉持文化全球化观念的城市既可以开放地容纳多元文化与多样的族裔生态，也会因此迫使生活在这里的人维系着某些泛滥的文化禁忌。《唐人街探案》的文本便借主人公的言行频繁地表述着对这些文化禁忌的厌恶和拒绝。尤其是二人组中由王宝强饰演的丑角"唐仁"（"唐人"的谐音），乃至影片的视听语言也在有意向不断地玩杂耍、变戏法和插科打诨的角色"唐仁"倾斜，包括一些动作场面中刻意的慢镜头、特写镜头、表演和台词，甚至一些光怪陆离的背景音乐等。

新加坡、马来西亚和泰国等三国并称"新马泰"成为中国人出境旅游路线的说法，已不是新鲜事。据统计，近些年中国公民到东南亚国家旅游人数的年增长率一直在 30% 左右。其中泰国更是中国游客偏爱的旅游胜地。这不仅有游客在经济方面的考虑，更为重要的原因是，泰国保持着国际高水准的旅游业和服务业质量，这点与一些思想观念保守、传统的欧美国家十分不同。

《唐人街探案》在开篇不久，就隐晦地表现了初到曼谷的秦风被接风的唐仁拐到夜店，小姐环绕其左右，并误饮加料饮品的场景。而影片其他一些场景无不暗示着曼谷"警匪一家亲"的恶劣社会环境。与西方世界迥异的东南亚社会生态其实给了近代早期中国移民赴泰国与当地人做生意的经济机遇。将近 200 年历史的曼谷唐人街与曼谷城几乎同时诞生，而它发展至今已垄断了全曼谷 70% 的黄金交易。换句话说，可以想象，绝大多数生活在曼谷唐人街的华人无论是否曾饱受本地人的种族与文化歧视，如今他们都是这个国家资本权贵阶层的一分子，这就意味着泰国的华人群体至少不可能如他们在西方国家艰难生存的同胞那样背负着某些沉重的移民史创伤记忆。《唐人街探案》充分地表现了这种文化隐喻。在影片中我们可以看到，生活落魄的唐仁仍然可以打麻将、逛酒吧，肆意享受着曼谷街头的美容服务；而那位"唐人街第一美女老板"、由佟丽娅饰演的阿香则受到唐仁和曼谷当地警长黄兰登等多人的倾慕和照顾，其经营的小旅店从其布置风格来看也显得十分可疑。不仅如此，由金士杰饰演的"唐人街教父"闫先生被唐仁视为"全泰国黑白两道没人敢惹，就连军方都得给他面子"，可谓只手遮天。唐仁还提到，闫先生掌控着"唐人街金铺、出租车、大市场、华人超市、KTV"，而主线围绕闫先生丢失的黄金货品及一起相关的凶杀案展开，曼谷警察局长亦对此十分重视，被其视为大案要案，甚至亲自督办，作为唐人街领袖的闫先生在这座城市中的社会地位与影响力可见一斑。影片所塑造的"唐人街"意象与整个曼谷城市休戚与共，并且在资本世界中如鱼得水。这种意象表述肯定了消费主义情绪下对于后现代版"唐人街"

的拼贴和二次生产，使之脱离了影像史中较为沉重的意象特性，更多地汲取了全球化时代以来世界各地的"新唐人街"带给电影的启示。

理解《唐人街探案》中"唐人街"的消解意味，关键在于探究其如何运用了文化混杂性的话语优势。在文化理论中，混杂性（hybridity）一词源自俄国文学理论家巴赫金，"混杂性的渗透对官方话语的权威性无疑起到了消解作用"①，类似于巴赫金所说的"复调"效果，对语言、文化、身份、社会、历史和媒介等多重文本的拼贴与渗透，无疑有助于消解"唐人街"意象的殖民话语色彩。"被殖民者通过'带有差异的重复'的模拟殖民话语，使之变得不纯，从而进一步解构、颠覆殖民话语。"② 在《唐人街探案》某些桥段里，创作者着力刻画了曼谷唐人街与外界之间边界的消失，当地华人的文化实际上已经与泰国本地文化高度融合。这不仅表现在华人文化主体对外敞开的开放积极态势，也表现在泰国人文化主体对中国文化的积极接受和学习，其中最直观的体现是形形色色的人对中文语言的广泛接受和使用。比如，故事中曼谷警察的言语通常夹杂中、泰双语，除了有使影片更易为中国观众所阅读的功能，也是一种有意消解文化边界的电影艺术处理。当然，它到底在多大程度上忠实、客观地反映了现如今泰国或曼谷本地的语言环境，仍是值得推敲的。尽管有报告指出中文在近些年已成为英文之外泰国人的第二大外语，"不到10个人中就有一人在学中文"③，但结合影片的喜剧风格来看，中文的普及更像是创作者基于泰国"中文学习热"现象的现实基础上进行的一种主观想象处理，以此来强调和夸张作为娱乐、旅游、消费、狂欢场地的"唐人街"概念，制造一种惊奇的效果。此外，中文语言的多义性也被影片所调动。在影片前半段二人组的一次争吵中，

① 汪民安.文化研究关键词［M］.南京：江苏人民出版社，2007：119.
② 汪民安.文化研究关键词［M］.南京：江苏人民出版社，2007：119.
③ 张锡镇.泰国中文教育调查报告［M］//贾益民，张禹东，庄国土.华侨华人研究报告：2019.北京：社会科学文献出版社，2019：41.

秦风揭穿唐仁谎话连篇——唐仁将"找猫狗"包装成"调查失踪人口"、将"抓小三"包装成"跟踪嫌疑人"、将"送快递"包装成"押送重要物资"，便因其假正经的语义性，进一步强调了将日常和市井抬升到侦探故事神话的一种夸张变化。

中文语言的夸张效果还体现在台词上的方言性。唐仁不通外语，却操着一口广东味普通话在异域的泰国横行，结合其粗俗、愚蠢的面部表情，反而烘托了他比起泰国本地人，更像是一位原始土著。影片中的匪帮三人组，小沈阳饰演的匪徒说着令观众熟悉的东北话，与他那位说陕西话的搭档共同形成了中国北方方言的在场，从细节上生动描绘了唐人街人口的复杂地域构成。当然，对中文方言的使用是喜剧电影的惯例和套路，人物的戏剧类型往往匹配着特定的方言类型；反过来说，特定的方言可以将某种人物性格标签化。《唐人街探案2》也沿用了这个设定。其实，好莱坞电影中的华裔或日裔角色，时常也存在着"方言"的特点，他们讲的"蹩脚"英语通常极富民族的发音特色，以此来为自己的角色族裔身份贴上标签，进而传达一种隐晦的阶层身份秩序。而在此种意义上，"唐人街"可以构成一种方言杂烩的声音表征空间，以戏谑、消解身份秩序背后的权力话语。方言的凌乱往往表达了人物阶层属性的不确定性与游移性。而在另外一些电影中，海外华人角色被设定为具有相对统一的中文发音，反而可以进一步强化一种"空间秩序感"与文化话语权的等级性。

《唐人街探案》中的"唐人街"不只拼贴了语言与方言，还将某些脍炙人口的流行音乐与影像进行拼贴，如导演陈思诚似乎偏爱台湾流行歌手韩宝仪的音乐，在两部作品中多次以有音源或背景音的形式出现。在唐仁、秦风被带到闫先生酒吧的场景中，闫先生站在舞池里演唱的便是韩宝仪的《舞女》；而在医院警匪枪战的慢镜头中，导演以韩宝仪的《往事只能回味》作为背景音烘托喜剧气氛，制造了一种声画对位的艺术效果。早在20世纪90年代初期，韩宝仪的流行曲曾火遍大江南北，而那时大陆的时代背景和社会主题是改革开放政策下的经济转向，它至少牵动了两个热潮，一是台海关系的缓和，表现为港澳台地区及内地高度的文化交流；二是中国公民移居国外的热潮，他们将当时中国流行文化与元素带向唐人街。"20 世纪 80 年代以前，在泰国居住的大部分华人仍保留有中国国籍，即所谓的华侨……到了 90 年代，绝大多数泰国的华裔已加入了泰籍，成为泰国的少数民族之一。"[①] 显然，影片在这里制造这种对位效果除了影像的目的，也部分表现了当地唐人街文化的一种年代感和怀旧情结。唐人街居民对特定年代的怀旧，映射了一种乡愁心理，年代的时间属性指涉的不是别的，正是他们背井离乡、漂洋过海前所根植的土地。

二、符号的盛宴

此外，《唐人街探案》为使影片中的"唐人街"意象更具有消解、解构的趣味，陈思诚还有意拼贴了大量经典电影类型的互文本内容，某些桥段或场面显然有向经典电影致敬的意图。从而使"唐人街"不再只是犯罪、打斗与搞怪的发生场所，还能打通不同电影文本的特定空间，使观众产生一种肆意妄为的"穿越感"，唐人街充当了观众进行跨文本穿越旅行的媒介。许多观众认为，《唐人街探案》中唐仁与秦风的侦探双人搭档组合，其实借鉴了时兴的一部英国侦探类型的迷你电视剧[②]《神探夏洛克》（*Sherlock*，2010—2017）。当然，翻拍自经典推理小说"福尔摩斯"系列的《神探夏洛克》中的主人公搭档组合"福尔摩斯和华生"是推理小说叙事中的一种经

---

① 张锡镇.泰国中文教育调查报告［M］//贾益民，张禹东，庄国土.华侨华人研究报告：2019.北京：社会科学文献出版社，2019：26.

② 比起传统的电视连续剧或系列剧，迷你剧（miniseries）每集篇幅较短，通常每季只有3—10集，这使得它具有高度压缩的内容、高效率的传播形态。

典人物关系。而在电影媒介层面，有学者认为唐仁、秦风二人组"既有中国早期电影中韩兰根与殷秀岑的搭档的影子，也有美国早期喜剧电影人物，如劳莱与哈代的配置"①。无厘头的二人组部分瓦解着唐人街罪案过于严肃的社会学意义，它将观众的注意力引导至经典情节与经典人物关系的艺术虚构中，避免观众对罪案行为的社会维度进行过度解读。此外，《神探夏洛克》将舞台从维多利亚时代的国际都市伦敦搬到了当代更加国际化的都市伦敦，这个设计在某种意义上也为《唐人街探案》所复刻。在《神探夏洛克》中，许多维多利亚时代的物质性生活元素被置换为当代的，特别是互联网信息时代的版本，但不变的是犯罪行为的基本逻辑，例如偷盗、仇恨、隐私。而《唐人街探案》也遵从了一种视觉上的置换规则。比如，女主人公"阿香"及其小旅店似乎像是一种名不见经传的民间"百年老字号"，它仿佛揭示了曼谷唐人街的起源年份，而这家小旅店最为根本的叙事功能仍然是人物接头、传递情报和"金屋藏娇"的地点——甚至连"金屋藏娇"的这段戏码也部分借鉴了成龙电影《A 计划续集》（*Project A II*，1987）。总而言之，从"唐人街"意象的阐释角度看，《唐人街探案》对不同电影文本的拼贴，有利于将"唐人街"意象置于之前影像中的文化话语中进行充分消解，使其看上去更像是一个狂欢的游乐场。为达到这一点，陈思诚秉持的视觉美学是努力尝试对推理与喜剧这两种看似背离的电影类型元素进行混搭。"他们认为推理跟喜剧这两个基因是互相排斥的，因为推理最重要的是氛围的营造，而喜剧偏偏就是恨不得把那气给挫掉。"②

如果说《唐人街探案》只是展现了陈思诚视觉符号世界的冰山一角，那么可以说《唐人街探案 2》完全在《唐人街探案》的基本叙事框架上炮

---

① 周星.《唐人街探案 2》：类型的快感与泛文化的隐忧［J］.当代电影，2018（4）：23-25，177.

② 陈思诚，李金秋，冯斯亮."我一直想拍一部侦探电影"：《唐人街探案》导演陈思诚访谈［J］.当代电影，2016（2）：46-49，99.

制了一场"符号的盛宴"，《唐人街探案2》的视觉元素更具有反文化、解构的特征。一些评论者认为，《唐人街探案2》的文本是"在抽空了现实感和消解宏大叙事的他者世界里，上演一场独属中国电影人的狂欢喜剧"①。现实感的缺失正是影片的一个意图，亦是它广遭观众诟病的地方。符号的盛宴约等于空洞的能指，其对于唐人街的真正的文化态度是暧昧不清的。而其主要的审美趣味仍然在于颠覆与讽刺。

或许因为《唐人街探案2》故事发生的地点位于西方现代都市文明的一个核心地带——纽约，故事的荒诞不经性甚于第一部。"唐人街"意象也因影片所做的空间建构及其指涉终于从后现代混杂生态的东南亚回归它最古典的形态：美国华人社区。对于纽约唐人街来说，其起源史里便包含西方权力话语对华裔进行压迫的某种"原罪"性。

纽约最早的唐人街形成于1890年，当时位处美国西海岸的加州通过《排华法案》，大批被排挤、受迫害的华人移民从加州迁入东海岸的纽约，进入曼哈顿区。时至今日，位处纽约曼哈顿区南端下城的这条唐人街已扩展为45条街道，成为一座名副其实的"中国城"，其面积超过4平方千米，是纽约四个华人社区之一。并且，它的版图已吞并了周边的犹太区、波多黎各区和意大利区，目前常住人口约16万，约占纽约华人总数的四分之一。同时，它亦是世界上最大的华人社区。即便如此，如今的纽约唐人街到底还居住着多少第一代旅美华人的后代，其实已难以考证。许多发迹的华人已经广泛地融入当地社区。但至少可以确定的是，纽约唐人街的文化结构与空间表征当中仍然留有某些症候式的话语。对于西方帝国的想象抑或是唐人街创伤记忆的表征，统统被《唐人街探案2》处理为喜剧元素。

在空间建构上，整个纽约城被解构为一种西方中心主义的文化编码，

---

① 陈亦水.《唐人街探案2》：融媒体时代的"跨文化链接"［J］.电影艺术，2018（2）：57-60.

那些白人角色、当地的建筑或多或少带有一些标签化的特征。让·鲍德里亚（也译为"波德里亚"）曾直言："纽约是世界上唯一在自己的整个历史中，在自身的整个范围内，以不可思议的忠实态度，描绘了资本系统形式的城市——城市根据资本系统的变化而即时变化。"①影片则借助视听语言对此进行了极为彻底的批判和讽刺，充分满足了中国观众的娱乐心态与消费心理。萨义德认为："东方主义就是这样一种'文化霸权'，它的影响并不透过暴力统治强加于人，而是透过葛兰西所谓的积极的'赞同'（consent）来实现的。在他看来，正是霸权，或者说文化霸权，赋予东方主义以持久的耐力和力量。"②

在《唐人街探案2》里，分别来自中国大陆和泰国的神探二人组以近乎游客逛大街的内心体验（参加"侦探大赛"，赢取"五百万"奖金）来深入纽约城的街头巷道，唐人街内外的边界同样是消失了的。游客的奇观体验与身份话语取代了唐人街华人的都市体验与生存话语——纽约市的那些标志性建筑曾作为帝国主义与文化霸权的权力象征，而如今却沦为唐仁、秦风等人的消费对象，主人公们以惊人的破坏力，几乎是"砸场子"的气势彻底摧毁了纽约空间的秩序感。从车站到医院，从中央车站到时代广场，都变成主人公们自我表演的舞台；从警察到医生，再到"唐老鸭"和"蜘蛛侠"，都蜕变为主人公表演的龙套和配角。

比起第一部，侦探组合此行更广泛地涉足了城市的一些标志性地点：时代广场、中央车站、布鲁克林大桥、皇后区监狱、纽约公共图书馆、哥伦布转盘广场等。其中，侦探查明凶案符号图形的相关中国古籍竟是在纽约公共图书馆，而不是通过占据互联网资料的女黑客Kiko。早先Kiko便坦率表示这个符号"在互联网上查不到"，但纽约公共图书馆却对此有所记录。图书馆作为犯罪凶手和侦探之间知识、文化与心理博弈的

---

① 波德里亚.象征交换与死亡［M］.车槿山，译.南京：译林出版社，2009：90.
② 汪民安.文化研究关键词［M］.南京：江苏人民出版社，2007：52.

互文本空间，凶案的符号图形及其背后的中国古代哲学文化则在此充当了一种神秘、惊悚和野蛮 / 兽性的象征。图书馆空间构建了一个文化祛魅（Disenchantment）和解辖域化（Deterritorialisation）的话语与理念，将这个图案的野蛮属性还原为一种可供阅读的文本。

有趣的是，影片所建构的这种主体心理，或曰"民族自信"，其实与现实中中国国力的提升、经济实力的增强息息相关。据统计，中国的出境旅游人数近些年已蝉联世界第一，规模超过日本总人口数，而欧美国家愈来愈成为中国游客的首选地。与东南亚的文化生态不同，如今中国游客赴美旅游与高额的消费可以被视为"反征服"的文化政治，它是对帝国主义殖民史与资本文化的一种反讽：庞大的外来消费者群体"入侵"帝国本土，他们购买一切，也破坏一切。在这个现实背景里，被西方文明话语物化的主体反过来物化着西方文明，并将之充分对象化。

与第一部的情节类似，主人公同样要在七天时限内侦破一起唐人街的凶杀疑案。故事的真凶根据中国阴阳五行（"金木水火土"）的概念挑选谋杀对象和行凶手法、地点，部分借鉴了陈国富执导的台湾惊悚电影《双瞳》（*Double Vision*，2002），其在丧妻、患癌后的异化心理构成了他对中国道教文化及生命观念和特定符号的曲解、欲望投射和病态崇拜。影片似乎是想以此来表现一种与族裔主体焦虑有关的犯罪动机，但实际呈现仍使人感到费解。主人公与反派之间没有本质上的冲突或矛盾，只有观念认知的区别。比如，唐仁对真凶说"炼丹炉都摆错了"，使谋杀行为的隐喻性瞬间瓦解，犯罪者内心世界的神秘感（对于主人公来说）亦荡然无存。"神性与兽性"的主题流于了概念，而与其设定的唐人街内外空间结构有所脱节。找寻真凶的方式同样十分离奇，它几乎已脱离了侦探电影、推理剧的严谨世界观设定，充斥着如"武术拳师从天而降""印度侦探隔空取物""催眠术""寻龙尺辨方向"等经不起推敲的超能力情节。

三、唯视觉呈现

与此同时，影片又刻意丰富、强化着其人物形象与人物关系的视觉冲击力，来弥补叙事过于模式化的短板。从第一部到第二部的一个重大视觉转变，即在人物角色身上拼贴了强烈的魔幻风格、"二次元"卡通与电子游戏的元素，以期反复再现中西方不同文化能指之间的某种陌生感和隔阂感。影片中的唐人街教父"七叔"有一位丑角式的手下，名为"陆国富"。他的扮相无不使人想到"陈查理"，即好莱坞电影改编自美国小说作家厄尔·德尔·比格斯笔下虚构人物的著名银幕形象。与"陆国富"极为不同，陈查理向来被塑造为一位正义、机智的华裔警探，喜欢拿孔子名言作为口头禅。这位华人英雄形象在好莱坞的流行部分抵消了"黄祸论"的负面文化影响。小说作者比格斯曾表示，阴险邪恶的中国人已是老套路了，但在法律和秩序方面，一个和蔼可亲的中国人形象从未被使用过。当然，陈查理终究是美国小说与好莱坞一个关于东方的美丽想象，而《唐人街探案 2》中的"陆国富"则又像是将"陈查理"颠倒回去的翻版，一个陈查理的"倒影"，与其构成了互文。他被塑造为一个阴险邪恶的华裔小人物，为唐人街黑帮教父"七叔"效力，背地里却在干贩卖妇女的勾当。他的形象猥琐、奸诈，甚至被怀疑为犯罪嫌疑人，但也因被宋义的"顺风车杀人"手法铲除而成为谋杀案的受害者。

这种对经典人物形象进行模仿、戏剧倒置的手法在《唐人街探案 2》中屡屡出现。它是对西方流行艺术文化及因经典形象带来的某种大众刻板印象的询唤效果。这些荒诞的丑角与小人物，似乎意在揭穿、暴露其模仿对象的幻觉本质，进而达到一种嘲弄、挪揄和反讽的目的。类似的还有影片中的纽约警察局长，他在登场时与身后的形象原型、美国时任总统特朗普共同构成了这幅画面的前后景纵深，从而形成了一种讽喻式的互文。

而由侦探二人组假扮的"唐老鸭"与"蜘蛛侠"，为了救出宋义而与陆国富的黑帮马仔大打出手，在纽约街头上演了一出真假难辨的追逐戏码。双层大巴上的乘客纷纷侧目，甚至拿出手机拍照，误以为这是在拍某部"好莱坞大片"。这正符合让·鲍德里亚所描述的那种逐渐失真、走向仿真秩序的美国社会，它越来越像是迪士尼乐园。同样还有手持火箭筒的特种兵侦探映射着美国动作巨星史泰龙所扮演的铁血老兵"兰博"。在这里，美国总统特朗普与唐老鸭、蜘蛛侠等卡通人物或超级英雄的符号隐性地出场，他们均被故事中的人物有意或无意地扮演着。与这种伪装／表演的形象相比，召集众侦探的唐人街教父"七叔"的形象反倒显得更加写实。

在影片中，纽约本地不同的族裔形象是由枪支这一共通的元素进行联系的，而这也设定了族裔之间以冲突为基础的文化基调。无论是上中文课的黑人学生、唐人街黑帮，还是白人同性恋酒吧里的流氓，通通随身携带武器，一言不合便拔枪相向。并且，这种冲突的张力还延伸到其他一些颇具反讽性的戏剧场景中。影片通过反复出现的群体造型，诠释了不同族裔在特定领域的"文化亲缘性"。

唐仁等人在追逐过程中误入一所白人同性恋酒吧。与唐仁想象的不同，流氓们的领袖竟看上了一丝不挂的唐仁，送出玫瑰，点了一首早在系列第一部中便出现的韩宝仪的《粉红色的回忆》，在音乐声中与唐仁跳舞。被裹挟的唐仁则"离地三尺"，战战兢兢。这幅画面深刻地呈现了想象式的种族与文化霸权形态。文化霸权主义的"他性"话语甚至可以无视性别与种族属性，将包罗万象的东西纳入一个浪漫叙事的模式之中。而西方对"唐人街"意象的设定与想象，一直包含着使之他者化的强权话语。由来自当下崭新的中国游客／消费者形象来迎合、冒充这种他性的对象，进而达到消解话语的目的，或许是一种极佳的影像策略。表面上看，唐仁是被裹挟的对象，但实际上千里迢迢来美国破案的他才是这座城市当下真正的话语主体（"消费者"）。而这些白人流氓不过是为唐仁打造冒险游乐场体验的导游、司机和服务员。

类似的场景还有在纽约中央公园中，露宿的侦探组合偶遇三位蹩脚的劫匪。他们用生涩的中文喊"抢劫"，却反被主人公抢劫。虽然这段小场景与同性恋酒吧那段戏同样不参与情节结构的生成，属于"冗余戏份"，却无疑强化了唐仁纽约之旅体验的快感。

同样地，逃离纽约警察追捕的侦探组合意外乘坐上童话式的婚礼马车闯入了时代广场。在这里，不仅警察陪伴主人公"胡闹"，时代广场那著名的纳斯达克巨幕还非常"知趣"地展现了三人的直播特写。这不仅是国产电影第一次在时代广场取景，亦是时代广场第一次允许马车行驶。为此，纽约市警察局还专门出动封路，协助《唐人街探案2》剧组拍摄。据悉，影片耗费300万美元巨资打造了这个兼具梦幻与喜感的场景。

最后，影片中还有一位较为出彩的唐人街华人形象，即作为李小龙替身进入影坛的香港武生演员元华所饰演的武术家、唐仁的师父"莫友乾"。唐仁拜访师父时，镜头展现了莫家拳传人莫友乾与名人们的合影，其中包括美国前总统奥巴马，以及中国香港武打明星李连杰、洪金宝和成龙等人。与其说元华是在塑造唐人街功夫武者的形象，不如说是在演自己，其银幕外的明星声誉亦不过用于填充着银幕内唐仁那充满游戏感的冒险之旅体验。唐人街空间、东西方文化的二元对立、真实与虚构的边界纷纷在《唐人街探案2》的这种视觉设计观念中被彻底架空，"唐人街"意象也由此成为一个解构一切、反讽一切的狂欢场。

第八章　×××：多元与共生

> 我们人类回忆过去并非出于任何冲动，也不是因为什么天生的
> 兴趣，而是基于一种义务，这种义务是我们所应培养的文化的组成部
> 分。只有在建构于文化基础上的"互动的公正"原则之下，"你应当
> 回忆过去！你不应当忘记"这类督促人纪念的要求才显得必不可少。
> 正是在回忆过去的过程中，不同的文化和属于其中的每一个人都以各
> 自独特的形式获取历史意义。
>
> ——扬·阿斯曼《文化记忆》（*Das kulturelle Gedächtnis*，1992）

2017 年，自《银翼杀手》问世已经过了数十年，该片的精神续作
《银翼杀手 2049》（*Blade Runner* 2049）方才上映。尽管摄影技术和 CG
（Computer Graphics，计算机图形）特效已较当年有很大提升，但这部续作
在"唐人街"意象的造型理念上同样沿用了《银翼杀手》的传统。作为观
众，也仍然能跟随主人公"K"的视角一窥未来都市夜生活娱乐区域的奇
景。虚拟现实投影技术与立体的光源，给这个街区既带来了艳俗和生机，
也传递了空虚、颓废的情绪。在这个空间内，与高科技商品共存的是那些
拥挤的消费者和寻欢作乐者。而与前作主人公戴卡德类似，"K"也不得不
被抛入这个充满商品奇观的市井地带，既因商品经济得利，也被商品体系
所裹挟。可以说，无论是《银翼杀手》还是《银翼杀手 2049》，其画面都

带有半纪实、半幻想的特点，"唐人街"的意象既有现实面向，也有对黑色电影视觉模式的继承和超越，这也是这个系列电影的视觉魅力所在。

以具体场景为例，《银翼杀手2049》中的集散地选择在一个半开放式的空间内。这和以前唐人街图景中或暗夜街巷、或拥挤室内的典型符号相比有很大的积极进步意义。车展顶棚遮蔽了三分之二的天空，但仍能看出这是一个室外场所，自然光线因为空气污染而发生色相偏转，顶棚上的灯条光线色相却是正常的——一个"避风港"的必备对比就这么完成了。棚子内的空间保留了商品买卖留下的多彩灯牌和分割档口，并保留了来往的人群。难得的是，唐人街的文字招贴开始有明确的简体字呈现，这或许是国家形象的传播造成的赛博空间变异。

总而言之，《银翼杀手》奠定了一种赛博空间框架内的"唐人街"意象风格范式。在后续的科幻电影中，赛博朋克风格又从唐人街夜景意象中汲取了汉字指示牌与标语、中文广告灯箱、唐装、纸伞、斗笠甚至灯笼等生活元素，融入它与高科技元素共生关系的视觉表征之中，手工与复古的质感带来了"反科技"与"反乌托邦"主题的人文表达。除了《银翼杀手》《银翼杀手2049》和前文提到的《黑客帝国2：重装上阵》，至少还有翻拍版《全面回忆》（*Total Recall*，2012）与《环太平洋》（*Pacific Rim*，2013）直接以"唐人街"意象作为其赛博空间的核心意象来参与视觉构成，而这两部影片与《银翼杀手2049》不过是近些年赛博朋克电影热潮中的一小支。

一、东方肌理

可以说，"唐人街"意象成为好莱坞科幻电影开启东南亚城市空间想象的一个重要中介。而赛博空间化的"唐人街"意象几乎成为当代赛博朋克电影约定俗成的视觉公式。在"赛博空间"的表述内，唐人街的街道及其延伸出的华人形象、华人城市社区及生活氛围、华人的日常生活之道等，乃至进一步对东南亚现代都市的科幻式改造，对诸多东方文化符号的拼贴式覆盖与融合，逐渐构成了这类科幻电影的空间肌理，形成了全然不同于经典科幻电影擅长构建"西方都市"（如1927年的早期科幻电影《大都会》）的异质空间层次。需要指出的是，作为异质空间的"唐人街"意象，其视觉形象虽然以唐人街景观为内核，但它的外延仍然在无限扩大，比如近些年流行的赛博朋克式"香港"，与其说是西方电影对香港这座城市进行空间还原，不如说是仿效《银翼杀手》中对"唐人街"意象的艺术处理，并将之泛化到一切有关中国城市（乃至亚洲城市）的地理空间想象。换言之，一方面，"香港"不过是一个称谓，其空间肌理遵从的仍然是黑色电影关于欧美都市空间架构下唐人街社区的地理、族裔与文化经验；另一方面，一些涉及特定中国城市情境的当代科幻电影其实都并未指向赛博空间下的"唐人街"意象。例如《异能》（Push，2009）虽然将其科幻故事的发生地也选在香港，但这个"香港"仅仅是一个单纯的故事情境。从影像与空间的角度看，它更像在复刻现实与实景维度上的香港城市空间，并未对其有进一步的科幻风格加工。受制于故事的主题与叙事方式，《异能》的城市空间具有完全的可替换性。这个科幻故事与它发生在哪个地方并没有关系。影片无意去提炼所谓赛博朋克的视觉元素，而其中涉及的香港街区场景也就无法与唐人街的赛博空间生成产生联系。《异能》的场景选择参考了香港九龙城寨，过于高耸又逼仄的三面围城般的楼体开着无数窗子，晾晒的衣服和杂物让斑驳的外墙显得更加破旧。下方空间停放的车以大巴士和面包货车为主，彰显着这里居民的劳动人民本色。然而，天空的明亮色相和中部空间的松散使整个场景看上去不那么"像"唐人街的地方。

这也引发了对于赛博朋克世界中"唐人街"意象标准化视觉呈现的追问和思考。2012年的《全面回忆》翻拍自1990年版的同名电影，而小说原著《记忆大批发》的作者即影片《银翼杀手》的原著作者菲利普·迪克。由保罗·范霍文执导的 1990 年版《全面回忆》的故事线索中本未涉及唐人街或华裔元素，甚至都没有严格意义上的城市空间想象和建构。影片的重心似乎是聚焦于表现由施瓦辛格饰演的主人公道格拉斯所进行的一路打杀、闯关、干掉反派的动作套路。影片这部分元素的过度使用既有提升这部科幻电影节奏的积极作用，当然也有弱化影片对未来世界细节处理的消极作用，使得它的视觉造型与空间建构整体上趋于失真和滑稽。赛博朋克相关硬核元素的缺失，导致初版《全面回忆》一般只能被归为复古科幻片。

2012 年，伦·怀斯曼导演的翻拍版《全面回忆》则对影片的视觉风格有了很大调整，视觉创意也引起了影片叙事的改动。从地球到火星的闯关之旅，被改为了近未来高科技社会形态下以英国与澳大利亚为现实原型的宗主国与殖民地。主人公道格拉斯是一家生产机械战警的工厂的职工，每日通过轨道电梯于位于宗主国的家庭住所与位于殖民地的工厂之间往返通勤，在一次偶然访问记忆公司的经历后，道格拉斯原本平淡的生活发生了重大变化，面对妻子和警察的追杀，他不得不为求生和寻找真相而奋战。在影片开头，观众得以跟随道格拉斯立于阳台观望的视角一窥其住所的外部环境：他身处的是一座立体而多层次的高科技都市"丛林"，远景是摩天大楼，而周边则是一些聚集成片的中式民居与店铺。地面上竟有如同中国江南水乡城镇的河道、乌篷船与摆渡客。延伸到半空的房屋群落在一定程度上遮挡了阳光，这给影片为这片街区打造夜景的影调找到了逻辑依据。与《银翼杀手》类似，汉字指标牌依然统治了这片区域的街景，交代了这片社区的主要族裔构成，标识了一种关联"唐人街"的赛博空间意象。《全面回忆》中城市整体景象错综复杂的民居与店铺"堆叠成山"，形成了一种立体化的景观。影片这段场景向我们展示了道格拉斯那虽然清贫但仍然闲适的底层日常生活。与 1990 年版极为不同的是，这段场景展示是高度赛博空间化的，"乌托邦/反乌托邦"的视觉主题被这种手法再次凸显，以更加匹配当今全球化的文化语境。

首先，城市河道的设计使这部影片的"唐人街"意象进一步从写实迈向科幻维度。河道与乌篷船本和赛博空间毫无关联，但赛博空间讲究的那种阴雨天气情境，却能与这部影片中的城市河道形成一种流动的质感，使得水元素更深度地参与了空间建构。整个街区因雨水与河水的联动效果而更加凸显未来世界的贫民窟景观性。其次，河道横向贯穿了立体错综的民居，使它看起来更像是下水道，肮脏、随意而破败。最后，由人力驱动的乌篷船也隐含着"反自动化"的特征，使得生活在这片区域的人看上去原始而复古，从而构成了对高科技环境对身体支配的某种抵抗叙事。主人公道格拉斯虽然生活在宗主国首都，却仍然只是其贫民窟的一员。而对这片贫民窟少数族裔文化的强调，仍然是在彰显"贫富差距""市井生活"。

《全面回忆》中道格拉斯与同事在酒吧小憩，背后的中英双语招贴赋予了酒馆"唐人街"特色。与以往不同的是，本片的"唐人街"意象忠实地延续了赛博空间的表述：作为生活与娱乐的场所；更有甚者，"唐人街"意象并不处于主人公的对立面或者旁边，不是一个供主人公窥视或者偶遇的对象，而是主人公身处其中的日常环境。作为影片主人公的道格拉斯生活在"唐人街"意象中，这种由下向上的反抗意识和异域文化相互交织。它与影片后半段殖民地抵抗组织成员的生活可以形成互文：二者同样生于底层，具有共同的对手。也因此道格拉斯与抵抗组织保持着亲缘感和认同感。比起《银翼杀手》，《全面回忆》中的"唐人街"意象更多地参与到了影片叙事之中，成为孕育整个故事的大本营，这是当下赛博朋克电影一个十分重要的进步。

二、记忆宫殿

不仅如此，以往被《银翼杀手》所忽略的唐人街室内场景与空间建构，在《全面回忆》中获得了更大的表现力。与《黑客帝国2：重装上阵》中的中式茶室类似，道格拉斯探访记忆旅行公司的过程也充满由外及内的空间层次感，唐人街内部的种种奇观与传说也得以赛博空间化。跟随道格拉斯的视角，观众可以观察到这家记忆旅行公司与前一个桥段的酒吧室内风格的重要区别，它暗示了主人公道格拉斯的内心转变：道格拉斯渴望从平淡的日常生活迈向刺激冒险的英雄生涯。而记忆旅行公司内部的气氛与气质便"迎合"了这一点。这里既是与外界迥异的梦想之地，又与外部的异域景象一脉相连，是对唐人街街区赛博式想象的更进一步延伸。与1990年版相比稍有改动的是，2012年的这部翻拍版对主人公后面的遭遇究竟是身处梦境的想象抑或是离奇的真实经历保持着更为开放和具有悬疑色彩的叙事观点，直至影片结尾也没有给出明确的答案。而记忆旅行公司场景出现的种种中式元素，成为影片叙事虚实转换的重要视觉媒介。

整个记忆旅行公司的装饰完全符合唐人街的特定氛围，如后景的汉字招牌、唐人街店铺、华裔外形特征的行人等。作为一家特殊高科技企业，在装饰设计上完全摒弃了简洁冷峻的科技风，而是选择了十分复古的中式风格的装饰，从而将"唐人街"意象与记忆和历史相连。在道格拉斯逃脱警方追杀的桥段中，他与身处的唐人街街区再次发生了交互的联系：鱼龙混杂的唐人街街道成为他逃避追捕、隐匿踪迹的场所。

昏暗的街头，错综复杂的民居排列，打着伞的路人，汉字灯箱招牌，乃至河道上的渡船，都为道格拉斯的逃亡提供了便利。道格拉斯逃亡的动作场面充分展现了这片街区独特的拼贴式美感，而景深中无处不在的汉字广告牌、路标与涂鸦，又在深化着赛博空间的质感。这种氛围延续到道格拉斯打视频电话的一场戏，赛博朋克式的高科技视频电话工具在周遭环境的衬托下得以凸显——自《银翼杀手》以来，赛博空间总是将主人公使用先进科技工具的行为与古旧、异质的中式环境并置，形成一种视觉反差的张力，一般被表述为"高科技/低生活"（High Tech/Low life），即"在

127

High Tech 的外壳下包裹着未来世界 Low life 的实质"[①]；《全面回忆》也正是延续了这一点，才使它成为正宗的赛博朋克科幻电影。换言之，一种充满东方装饰感的"唐人街"意象在这里指代了关于全体人类的历史和记忆，象征着历史进程发展的开始。鉴于赛博朋克类的科幻电影往往试图阐释高科技、强秩序社会中平凡人的日常生活空间，"唐人街"意象实际上成为影片主人公田园牧歌式的想象对象，成为一种回忆之地、向往之地。唐人街中真实可感的生活细节，对于主人公（同样也是观众）而言自然要比冷冰冰的科技产品显得更值得信任。在这个意义上，"唐人街"意象承载着所有过往的个人经验和生活回忆。

三、全景想象

由吉尔莫·德尔·托罗执导的《环太平洋》（2013）将"唐人街"意象与视觉风格拓展到了对"中国城"的综合全景式表现。影片讲述了近未来时代人类遭到外星怪兽的袭击，主人公罗利·贝克特驾驶"机甲猎人"（Jaeger，是一种双人驾驶的大型机器人）与他的战友一道抵抗袭击、保卫地球的故事。与《银翼杀手》《全面回忆》等改编自赛博朋克科幻小说的电影不同，《环太平洋》的故事是影片原创（尽管种种细节表明它对一些日本动漫与特摄片有高度借鉴）。但显然，影片并未在叙事上有更多野心，其重心仍然是视觉呈现。影片中虚构的各国政府对"机甲猎人"持否定立场，而地球防卫组织则将抵抗怪兽的最后希望寄托于"香港"，将仅存的几台机甲猎人统统布置于此地隐匿的军事基地，在影片中段，怪兽果然如预期般袭击了"香港"，主人公便在此次战斗中展现了他的勇敢。在此次战斗期

---

① 黄瑞璐.赛博朋克电影的美学建构与文化表达［J］.传媒观察，2020（1）：64-71.

间，防卫组织内部研究怪兽的生物科学家纽顿·盖兹勒博士受到指挥官斯特克·潘特考斯特的指引，寻找民间黑市头目汉尼拔·周（此角色名称应有向《银翼杀手》致敬的意思），欲向其购买违法贩卖的怪兽尸体，从而将故事的副线导向了"香港"城区生活空间微观部分的展览，并以纽顿逃向民众避难所的桥段所体现的小人物视角，来拓宽机甲猎人大战庞大外星怪兽的场景立体感与写实感。这段副线在影片中的篇幅不短，而从影片整体的空间呈现来看它是极为成功的。

值得一提的是，影片尽管三番五次提及"香港"，但摄制团队并未在香港实景拍摄，取而代之的是影片特效团队工业光魔公司（ILM）对香港实地一些场景素材与摄影数据的采集，从而为打造"中国城"赛博空间的后期视觉特效建立基础。换言之，影片是以唐人街的赛博科幻意象范式来对"香港"的空间完满性进行视觉填充的。除了一些特定地标（如影片中短暂出现的"中银大厦"），这个"香港"城已几乎找不到与现实香港城市景致的联系，而更像是赛博空间表征国际化大都市的一种泛指。赛博科幻的风格旨趣已经完全取代了对香港这座城市特定地理表征的挖掘。影片主人公纽顿行走在"香港"街头的调度，几乎重现了《银翼杀手》为赛博空间所奠定的一些视觉元素标准——夜景、阴雨、霓虹灯、撑伞的人群，以及无处不在的汉字招牌、广告灯箱与路标等，使这部影片在关于"香港"的空间观念上显示出了一种难能可贵的科幻复古情调（《银翼杀手》与《环太平洋》上映相隔30多年）。但与此同时，在影片的受众层面，这种旨趣也加大了影片与中国地区电影观众的文化隔阂——对于许多香港本土观众来说，影片中的"香港"已显得极为陌生。比如，香港语言文化标志性的粤语便没有在影片中得到体现，使它至少在语音听觉信息上远离着写实维度的香港，而更靠近赛博空间范式的"唐人街"意象。

与《黑客帝国2：重装上阵》和《全面回忆》类似，《环太平洋》对于"唐人街"意象的赛博空间表现也深入到了内景空间层面。纽顿寻找到位于闹市区的怪兽回收公司，在一个类似中药材铺的店面场景中见到了贩卖怪兽尸体的黑市头目汉尼拔·周。这个店面的空间不仅像《黑客帝国2：重装上阵》中的中式茶室与《全面回忆》中的记忆旅行公司那样具有高度神秘化和仪式化气氛的特点，而且《环太平洋》在这里更是借助台词暗示了怪兽尸体与"中药材"之间的联系，产生一种反讽的叙事效果。而在纽顿与汉尼拔·周于阳台谈生意的一场戏中，传统中式风格的室内景与阳台外的艳丽夜景形成了一种极富趣味的景深层次。与其说是《环太平洋》中怪兽回收公司的外景与赛博空间街区的氛围很好地融合，香港城市混杂了赛博朋克风格和传统中式风格，不如说是影片将赛博化的"唐人街"意象延伸至整座城市。一种对于"唐人街"意象的全景式想象就此展开，并且尝试兼容更多的科幻元素，从而打造一种充满多元文化的共生之所。

近几年，以《全面回忆》《环太平洋》《银翼杀手2049》为代表的赛博朋克电影无一例外延续了当年《银翼杀手》开创的赛博空间视觉模式进行有关"唐人街"意象的科幻式想象。借由对中式风格的内景空间的表现，影片将极具异域风情的氛围感融入叙事与隐喻的表意当中，从而串联起城市全景、街景和内景之间有机的"唐人街"意象风貌。此外，"唐人街"意象的空间地理定位也不再局限于某些特定的欧美都市局部，而是超载地延伸到对近未来时段内跨族裔都市的泛指，"唐人街"、"华裔"与"汉字"愈来愈成为赛博空间街景风格的模板和公式，而城市或区域的称谓不再重要。基于这种模板，赛博朋克科幻电影仍然可以进一步地扩展"唐人街"意象的适用范围，以中式元素来展现"低生活"细节。

四、未来创作

那么，究竟一种典型的赛博朋克"唐人街"意象可能有哪些特质？新近出现的 AIGC（Artificial Intelligence Generated Content，生成式人工智能）软件 midjourney 和 Stable Diffusion 或许可以尝试给人类以思考帮助。在毫无参考的前提下仅通过提示词"China Town（唐人街）"推动 midjourney 软件生成两幅图片（图 8-1、图 8-2）。可以看出，两幅图片中街道场景的景别大体类似，选取的都是十字街头的纵深角度。并呈现出以下几个突出的特点：

图 8-1　midjourney 软件生成的唐人街图片 1

图 8-2　midjourney 软件生成的唐人街图片 2

主体的老旧建筑似乎提示了该街区的经济萧条，而建筑细节上呈现出的东方元素则展现出丰富的历史人文内涵。房檐和阳台的设计似乎选取了明清老街的建筑风貌，从建筑主体上标明了"唐人街"与"华人"之间的必然联系。

正在经营的商铺及其带有汉字的广告牌是整个图片的视觉中心。暖色调的灯光透过参差不齐的广告牌渗透到夜空中，因烟雾缭绕而引起的丁达尔效应十分明显。整个场景带有十分生活化的气息。

虽然整个场景中人头攒动，但是所有的人物都被阴影覆盖着，看不清楚细节。"没有面貌的集体中的人"，这是前文曾经分析过的对于华人印象的缺省，被 AIGC 完美继承了。

再看通过提示词"Cyberpunk（赛博朋克）"推动 midjourney 软件生成的两幅图片（图 8-3、图 8-4）。乍一看，这两幅图片和前两幅相比，除了景别略紧，镜头未知和纵深内容都类似。然而从细节来说，"赛博朋克"图片与"唐人街"图片相比有以下几个明显特点：

在"赛博朋克"图片中，灯箱和广告牌的颜色与"唐人街"图片有明显区别。照度更高、色彩更尖锐的灯箱被用来营造热闹、喧嚣的场景氛围，体现出整个空间的"科幻感"。除了色调，街道上灯箱的样式也更加复杂，不再有统一的规划感。更重要的是，"向上的"广告牌开始出现，让整个空间更加立体。

横向上，杂乱无章的电线 / 晾衣绳是"赛博朋克"图片中更加突出的一部分。虽然在"唐人街"图片中也有类似的元素，但大量使用这类元素从而将街巷两边的建筑连接起来，这一点在"赛博朋克"图片中更加明显。在这里，高科技与低生活交织形成独特的赛博氛围。电线 / 晾衣绳代表了城市底层人民的生活状态，同时也是对唐人街空间中横向悬挂旗帜或巾幡的继承和发扬。

更重要的是，赛博空间似乎是"无人的"。虽然街巷和商铺繁华依旧，但是诡异的空洞暗示着空间中更多的危险。图中停靠在街头的轿车证明了有生命体生活的痕迹，然而身体却是莫可名状的。和"唐人街"图片中的人影相比，"赛博朋克"图片给予了叙事更多的可能。

图 8-3　midjourney 软件生成的赛博朋克图片 1

图 8-4　midjourney 软件生成的赛博朋克图片 2

使用 AIGC 创作的图片进行分析是为了看到刻板印象带给媒介景观的影响。对于电影而言，虽然"电影语言的语法"近年来随着技术的进步逐渐灵活松动，但以好莱坞电影为代表的全球化影像表意系统越发深入人心。根据现有电影和剧本内容学习训练出来的 AI 模型在复制成熟电影类型和叙事方法的同时，不可避免地也学习到特定时期和地区的特定表达，其刻板印象与偏见则随着 AI 带来的无限复制反复确认。通过 AI 大规模生产引发的偏见复制可能会因其速度之快、影响之大带来更明显的影响，突出体现在资本介入创意生产时进一步产生的劳动分工。无论是现在电影行业在制作中惯常使用的 AI 参与视觉特效和音效加工，还是在生产前端时使用 AI 参考决策，都会被浩如烟海的数字资产及其衍生的受训模型所震撼，最终出于便捷和效益的考量习惯性使用带有刻板印象的复制性创作。

因此，通过分析 AIGC 创作的图片，我们能够清晰地看到一种名为"赛博朋克"风格的空间意象都继承、发扬和改变了哪些"唐人街"意象元素，并借此在赛博与唐人街之间得到明确的关联。毕竟，以电影、电视、视频和数字媒体为媒介，对历史的再现发展成为全新并且具有广泛影响力的公共舞台表现……演绎者以大众媒体方式制作的动态图像的银幕，不断填补着书籍和博物馆的重大空缺，同时也发展成为其强有力的竞争对手。[①] 说"竞争对手"，是因为赛博朋克风格在取用唐人街元素的同时，最终也有力地改变了人们对于唐人街的认知。可以说，当下的"唐人街"意象是包含着赛博元素的，二者之间无法割裂。

这一点也可用当下创作的无意识习惯来反证。"赛博朋克"风格不仅在电影中有所体现，更是蔓延到了短视频、电子游戏等多种体裁作品中。独立游戏作品《小亚》[②] 在一个赛博空间的呈现中使用了更加怀旧的街道设计，从而使其拥有了唐人街色彩——虽然对于叙事而言，这个空间先在地是中国大陆某城市，但这并不影响空间呈现上对于"唐人街"意象的挪用（图8-5）。换言之，当我们考虑到"文化记忆"的问题时，用来结构记忆的每一个符号都可以作为"延伸的场景"加以重组，从而对于原本在现实中可能确定下来的命名进行改写；虽然现实中的空间命名也并非没有争议。对于空间的命名往往体现出人们的意识形态冲突，比如"赛博朋克"听起来

---

① 阿斯曼.记忆中的历史：从个人经历到公共演示［M］.袁斯乔，译.2版.南京：南京大学出版社，2022：133.

② 这是一个由本书作者全程指导的独立游戏作品，张楚仪系北京电影学院数字媒体学院2019级本科生，现为四川金熊猫新媒体有限公司XR设计师。本章的部分观点是作者与张楚仪讨论后共同得出的，在此一并致谢。

就比"唐人街"更加现代和开放，虽然在数字空间的内涵上，二者已经越发趋于一致。这可能是因为后现代的地缘政治更加关心空间而非时间，而流离失所，或许比扎根于一个地方，更能强调空间关系在我们试图解释和改变世界时的至关重要。[①]

图 8-5　独立游戏作品《小亚》中怀旧的街道设计

与"中华民族"的族裔身份认同相似，对于"唐人街"媒介经验考察实则是在研究一个文化地理现象，它在诸多层面存在着不易把握的地域性、多维性和立体性。在叙事层面，以"唐人街"为对象或载体的文化表征，往往有着表述上的两重性：它既是叙述效果，即"民族"；又隐含着一种特殊的叙事过程，即"民族化"或"民族心理结构认同"。在空间层面，又往往隐含着集体与个体的关系，通常体现为国家记忆与大众记忆、个体记忆共同在场的局面。可以说，个体、集体、地域、国家以话语碰撞的方式构成着民族身份横向结构的基本逻辑，也承载着"唐人街"意象空间的深厚内涵。

沿用本尼迪克特·安德森有关"想象的共同体"的概念，"唐人街"意

---

① 塔利.空间性［M］.方英，译.北京：北京大学出版社，2021：17.

象也是一种媒介化了的民族想象。这是基于集体心理结构的一种想象力渗透，其想象的共同体并非要取代真实的民族史，而是充当着民族志，即民族史进行历史叙述时的一种现场配置，目的是激发理解、唤醒记忆。然而媒介化和再媒介化给这个民族想象提供更多生命力的同时，也在一定程度上抑制了"唐人街"意象内部民族主体的构成。媒介至少有两种功能，而且这两种功能是相互联系在一起的：一方面，媒介是意义建构的工具，调节个人与世界之间的关系；另一方面，媒介是社交联络的主体，在个人和群体之间起到调节作用。近年来，媒介在记忆形成过程中的作用日渐成为文化记忆研究的热点问题。其实，"文化记忆"概念本身就包含这样一个前提，即象征性的人工制品能够调节个体之间的关系，因而只有借助于这类人工制品才能实现记忆的共享，产生跨越时空的集体性，其实文化记忆就是连续不断地将私人化的个人记忆汇集为彼此共享的记忆的过程。① 因此，对于数字原生代而言，赛博朋克空间与"唐人街"意象的重叠交叉是非常正常的事。并且可以预见，在再媒介化继续凸显的将来，生活的空间实践也会被赛博"唐人街"侵占，让真实的街头空间成为赛博叙事的另一种可能性。

通过对于 21 世纪以来多部赛博朋克风格电影和 AIGC 生成图片的分析，一种基于"唐人街"意象的赛博朋克类型电影的叙事策略和风格符号被进一步明确。对于"唐人街"意象的有意强调和不断改进创造出与超现实赛博世界相结合的后现代想象性"唐人街"意象，对此而言，媒介转喻在其中起到了明确而深刻的作用。在赛博朋克风格电影中，"唐人街"意象不仅代表着贫民窟或底层边缘社会，更被影像赋予了鲜明的民主色彩与反抗性。作为对于机械复制时代以来工具理性和高新科技发展的反思，"唐人街"意象被理解为一种诗意的、人性的生活方式，用以对抗集权化的、法

---

① 祁和平.当代西方文化记忆理论研究［M］.北京：中国社会科学出版社，2023：168.

西斯式的科技霸权。这种有趣的对比利用了"唐人街"意象在电影史中逐渐形成的符号性并加以改造，塑造出一种专属于赛博朋克风格电影的叙事模式。进而，通过对于赛博"唐人街"的观察发现，尽管在细节上"赛博朋克"与"唐人街"的指向性仍有差别，但在视觉呈现上二者的相互挪用已经相当常见。空间表现实际承载着叙事架构的功能，并且通过所有符号化表达进行信息传递。可以说，对于赛博朋克／唐人街的命名争议不在于具体的空间形态（虽然多多少少还是有些差异），而在于我们即将加入怎样的叙事于其间。也因此，"唐人街"意象得以跳出东西方二元对立的老旧框架，尝试进入更为全球化和国际化的叙事话语逻辑中。或许，赛博朋克世界才是"唐人街"意象真正的希望，在承担对于未来的想象的同时，也扛起集体记忆和历史回忆的大旗。集体记忆是一幅相似性的景象，它认为群体过去是这样，现在也是这样，这是很自然的——因为它的注意力集中在这个群体上——而在它看来，发生改变的是这个群体与其他群体之间的关系与联系。[①] 对于数字时代下的国人来说，真正有关"唐人街"意象的集体记忆或许并非对于唐人街历史现状的记忆，而恰恰是对于旅行碎片和电影中赛博朋克画面的回忆。因此，保持一种赛博宇宙的历史书写，才是对于"唐人街"意象最大公约数的提取。

---

① 冯亚琳，埃尔.文化记忆理论读本［M］.余传玲，等译.北京：北京大学出版社，2012：92.

结　语

这是一个奇迹：这个时刻突然来临，突然消失，之前什么都没有，之后什么都没有，但仍会作为一个鬼魂再次来临，打扰一个后来的时刻的安宁。从时间的卷轴上总会时不时地有一页松动、落下，随风飘走——这一页突然会飘回来，飘进人的怀里。这时人就会说，"我回忆起"并且羡慕动物，羡慕它们马上就会遗忘。

　　——尼采《历史的用途与滥用》(*Vom Nutzen und Nachteil der Historie für das Leben*，1874)

一、总结与概要

电影中出现的唐人街内涵十分丰富。影像化的唐人街并非客观展示的对象，而是包含了艺术加工和观众接受、理解之后有着浓厚意味的形象表征，可以称之为"唐人街"意象。伴随着复杂的人口迁徙和种族歧视，唐人街在全球各地不断发展的同时，"唐人街"意象也在电影中焕发生机。早期的电影兼具纪实性与艺术性，逐渐发展为一种大众文化和媒介工具，在这个过程中，对于"唐人街"意象的表现方式呈现出截然不同的特点。

"唐人街"意象经由不同电影之间的相互化用与借鉴，最终生成了专属于影像的表征系统，有关"唐人街"的电影如何想象、建构和表达"唐人街"意象，以及"唐人街"意象又如何在影像生成的过程中发展和延宕，形成一种电影媒介意义上的工业惯例与陈规，以及大众观念、经验与认知，是研究的重点。

本书的研究对于"唐人街"意象的影像生成涉及主体、空间与叙事等三个方面，力图从这三个角度探索出不同时代、不同类型的电影在描摹唐人街时使用了怎样的手法，又达到了怎样的效果，最终形成了一种独属于影像的"唐人街"意象。这种意象既在电影史上发展与传承，同时也对现实生活中的唐人街现象产生影响。

电影中的"唐人街"意象存在着不同主体进行建构的语境与文化潜质。在好莱坞意义上的电影主体层面，海外华人总是一个被由外向内观看、凝视的对象，在此意义上生成的银幕"唐人街"意象更像是一个他者化的场所，其根本目的不在于刻画华人或华人的生存空间，而在于用华人对象充当主体身份与族裔特征的一个镜像。当代海外华人华侨或具有移民经历的电影导演则在主体间性和跨文化语境中充分借鉴着"唐人街"意象的银幕经验，并将之用于对个体生命体验与伦理困境的探讨，从而强调文化差异的在场。当代中国导演尝试将一种国家叙事与海外唐人街历史进行缝合，使得"唐人街"意象呈现为一种寓言体的结构。

电影中的"唐人街"意象不是独立存在于影像之中，它始终伴随着对比与对立。海外华人利用自身回忆书写的"唐人街"意象总是与回忆中的中国空间发生连接，从而将唐人街理解为一块中国飞地，在时间的维度中往返于"唐人街"意象和中国之间。作为对全球化时代的认同，一些影像中的"唐人街"意象试图打破自身的围墙，积极融入国际化都市的城市架构中。与此同时，将"唐人街"意象视为强力的东方指涉的影片仍然存在。

广泛参与叙事技巧的"唐人街"意象摆脱了传统范式的窠臼，针对不同类型电影呈现出更多元的可能性。科幻电影中的"唐人街"意象成为底层社会代名词的同时，也接纳了唐人街中真实存在的人和生活气息。消费主义的弥漫赋予了"唐人街"意象在影像中更多的后现代表达方式。通过符号化的泛滥拼贴，意象曾经的各个意涵被消解，取而代之的是 21 世纪以来的消费行为对于现实唐人街社区影响的影像化表达。近年来更多的科幻类型电影通过对"唐人街"意象中蕴含的贫民窟与底层边缘社会含义的二次生成，将"唐人街"意象泛化至整个城市乃至世界观中，从而塑造一种独特的生活之道。

综上所述，作为独特现实生活现象的影像化书写，"唐人街"意象在历史的不同阶段产生了丰富的内涵。电影主体的变化会影响"唐人街"意象的表达方式。与此同时，不同的空间架构也呈现出不同的"唐人街"意象。在叙事策略与"唐人街"意象相结合后，唐人街成为更加复杂的符号合集，在不断地和现实及电影史上不同影像的碰撞中，"唐人街"意象注定会溢出原本的语境和传播路径，在更广泛的媒介场域内迭代出更加繁复的含义。

二、讨论与展望

回忆总是与遗忘相提并论。作为照相术在技术层面的延伸，电影描摹现实的属性似乎仍无法被忽略。然而，随着存储设备和电影技术的不断发展，准确地记录现实早已不再是影像的终极追求。取而代之的问题是，电影应当选取哪些"值得被媒介化"的历史经验或者故事作为素材？

与国别电影相对，跨族裔电影是世界电影史上颇为有趣的现象。一些因为自身国籍、民族、宗教和文化而处于跨文化环境中的电影人，开始着眼于那些有关少数族裔、移民或离散的问题。无论是法提赫·阿金（Fatih Akin）、陈英雄，还是阿托姆·伊戈扬（Atom Egoyan），抑或海外华人导演如李安、王颖等，他们在镜头中所展现的少数族裔生存状况显然是值得被媒介化从而获得更多关注的。

如果说推崇跨族裔电影是为了对抗好莱坞电影在全球范围内的文化霸权，这多少有点说不通。从希区柯克到波兰斯基，再到吕克·贝松，都是从各自的国别电影出发，"沦为"好莱坞的"打工仔"，而好莱坞电影正是在不断地汲取众家所长之后，才持续焕发出新的生机。可以说，在面对追求成为全球化电影标准的好莱坞电影，以及各国的国别电影、民族电影时，跨族裔电影展现出了最为包容和开放的一面，真正利用跨族裔、跨文化之"跨（Inter-）"去完成对于主体间性的观照。在这里，隐含着不同文化之间经由影像得以对话的可能，也指向了那些被跨族裔电影、好莱坞电影和国别电影所共同关注的对象——比如唐人街。

前文业已讨论了作为一种社会现象和城市空间组成部分的唐人街问题如何辗转生成为影像中的"唐人街"意象。本书通过对于不同电影中"唐人街"意象的考察，发现了隐含在诸多电影中的"唐人街"意象的意义和作用，相同或不同。

在以往的研究中，基于国别电影的分类方式，"唐人街"意象这一独特的媒介景观无法在中国电影、海外华人华侨电影和好莱坞电影中自由穿梭。但是，不言自明的是，电影语言的相互参考不会因为国家的区隔就停止。任何影像都承载着时间（历史上）和空间（国际间）两个维度的经验，影像中的"唐人街"意象务须放置于可沟通的平台上加以考量。同样的道理，全球范围内的移民迁徙引发的离散景观无法被单一文化所理解。鉴于数量日益增长的影像资料对于人们注意力乃至经验、记忆的强大影响，对于电影中的"唐人街"意象和其他跨文化媒介景观的关注不仅是对于多元文化的保护，也是在尽可能地维护有关这些历史记忆的解码方式。

这里存在的问题是，不同的时代、不同的语境必然带来对影像分析的主观性偏差。无论是试图粉饰好莱坞电影凭借在全球范围内的文化霸权一马当先地为"唐人街"意象"下定义"的行为，还是沉浸于"大中华一体"

的表述中，擅自将海外华人创作影片中的"唐人街"意象理解为另一个中国的想法，都无法平和地看待"唐人街"意象在本土化与全球化的夹缝中存在于影像上的真正意义。媒介化了的唐人街可以更加自由地出现在不同的文化语境中，无论这是否被认为是"误读"或"丑化"。从这个角度上说，影像中的"唐人街"意象可被称为一种文化遗产，提醒着所有观影者有关唐人街最初的历史现实。

然而，再没有什么比得上回忆空间和影像媒介之间的"相爱相杀"了。影像作为一种文化记忆的媒介，既可以给人留下深刻印象、吸引人的注意力，同时又可借由强大的存储设备将这种对于记忆的影像化产物"代代相传"。随之而来的问题是，在不断的复写和转喻中，图像和符号越来越远离历史、经验或回忆。作为无法被移动的具体地点，现实中的唐人街遗迹似乎为逝去的历史提供了最坚强的依靠和证据；但沉浸于形形色色的影像带来的感官刺激的观众，却不一定认为这些断壁残垣比电影里那个搭建的布景更贴近现实。

如果不承认回忆的不确定性、不相信历史中符码与话语体系的力量，那么这种李代桃僵无疑是对历史最大的残忍。然而，如果承认影像媒介不仅仅是存储记忆的"文件柜"，似乎也可以包容地认为，"唐人街"意象在不断地和现实及电影史上不同影像的碰撞中迭代出的繁复含义本身，同样是值得被记忆、被书写和被媒介化的。

作为电影学研究成果，本书既非严格的电影本体论研究，也不是标准的电影类型学研究。为了凸显问题意识，本书尽量汲取不同学科理论知识，针对"唐人街"意象的影像生成这一核心问题进行分析和演绎。本书试图通过这种方式，建立起分析影像中某一具体元素的有效途径，使其既可以在纵横交织的电影史中言之成理，又可以时刻紧贴影像在社会文化发展中的节拍律动。更为重要的是，若果真可以找到一种考量媒介景观和现实对照物交互关系的方式，也算是既对得起回忆也对得起影像了。

后 记

和电影的相逢大抵在久远的、不知名的过去，那时候的北京还没有分为记忆和想象两个部分；我也还没有意识到，自己会在新街口—马甸—北太平庄这个北京的"新马太"漂泊三十多年。

这篇文字的主体在2018—2020年间草就，但更碎片化的、个人化的、有关家国想象的理解深埋于回忆中。作为一个生长于"皇城根下"的小丫头片子，却是庞大家族后辈中仅存的"国产"女孩。很小的时候，我羡慕他们英语比我好；再后来，我发现我们都是没有家的孩子。这种对于文化记忆的书写欲望可能来自阅读电影的眼睛，又或者早就存在于独生的血脉中。谢谢电影，它是陌生故乡最后亮着的灯。

及书稿付梓，又汲取并遵循多方建议数易文字。

感谢北京电影学院科研处的赞助和众位领导的支持与鼓励；感谢中国国际广播出版社为本书所做的全部工作；感谢母校北京师范大学和恩师黄会林先生，以及一路相伴的亲朋挚友。

感谢依然爱着电影的人，灯火不灭，我们都是归家的孩子。

杨歆迪

于北京师范大学南门外雕刻时光咖啡馆楼上

2023年12月